全員が喜んで書く！作文指導のネタ事典

福山憲市 著

明治図書

まえがき

今から十年前『作文感覚を磨き作文ミスを減らす指導法』（明治図書）という本を書きました。その「まえがき」にこんなことを書いています。

> 本著は、作文がうまくなるための本ではない。少しでも、作文が好きになるための本である。少しでも、書くことの楽しさを味わうための本である。（途中略）作文指導は難しい。高いレベルをねらえば、子どもたちは、作文を嫌いになってしまう。【作文】と聞いただけで、心が逃げてしまう。本著は、高いレベルをねらってはいない。書くことを楽しむことができればいい。

ここに書いた思いは、今も変わりません。

新採の頃から三十数年ずっと、子ども達が書くことを楽しむ姿を追い続け、作文指導を積み重ねてきました。その積み重ねの中から低・中・高で実践してきた【七十六の作文ネタ】を紹介したのが、本書です。

もちろん、単なるネタ本ではないです。

子ども達が書くことを楽しみ、段々と作文を書く面白さにはまっていく**【四つの仕掛け】**を盛り込んでいます。

仕掛け①　何度でも使用可能な作文ネタ

◎紹介している作文ネタは、一度使用したら終わりではないです。ネタの内容を少し変えるだけで、何度でも同じようなテーマの作文を書けるようになっています。

◎例えば、作文ネタ【低学年1―①】は「動物のふしぎ書き書き作文」です。授業では、キリンを扱っていますが、他の動物に変えると、いくらでも作文を続けて書くことができます。

◎ちなみに、子ども達は、授業で扱った後に【自学のネタ】として作文ネタを活用し、何度でも同じパターンの作文を書き続けます。作文を書くことに、自然と慣れていく場となっています。

仕掛け②　気軽に使える作文ワーク

◎作文指導の時、ノートに書かせるか原稿用紙に書かせるか、何に書かせるか迷うことがあります。本書は、すべて作文ワークという形で書かせる形をとっています。本書の作文ワークを、ちょっと印刷して配布することで、すぐに作文ワールドに入ることができます。

◎作文ワークには【作文のコツ】がすべて書いてあります。コツを読めば、どのように作文を書けばいいかのポイントが分かるようになっています。家に帰って作文を書く場合でも、保護者の方がどのような声かけをすればいいか、【作文のコツ】からつかむことができます。

◎【〇枚目】という言葉を入れています。一つの作文ネタで、何枚書けたかを「見える化」しています。何枚もたまることで、書くことに対する自信が生まれます。
◎おまけとして【イラスト】を入れています。イラストがあることで、作文を書き終わった後に、色つけをする子が出てきます。作文に色があるだけで、読み手の目をひきます。

仕掛け③ 手本になる作文例

◎福山学級の児童が書いた作文を紹介しています。字数の関係ですべてを紹介できていませんが、この【作文例】を手本に真似させるだけでも、確実に作文を書くことが上達していきます。

仕掛け④ 作文を書かせる時の様子をイメージしやすい作文指導のポイント

◎福山学級の作文指導の様子を、簡単に紹介しています。どのような流れで、作文ネタに取り組ませたかが分かるようになっています。特に、子ども達に提示した時の様子を話し言葉で紹介しています。

実は、この四つの仕掛け以外に、欠かしてはいけない【大仕掛け】があります。それは、これです。

大仕掛け 徹底的に褒める声かけ（コメント）とおしいの一言

作文指導に欠かせないのが、作文を書かせた後の声かけ（コメント）です。とにかく、徹底的に褒める。褒める点を探す。これを心がけています。

作文ネタに挑戦したこと、書いたことがすばらしい。書き続けたことが、すごい。その気持ちで徹底的に声かけ（コメント）をします。

ただ、必ず「おしい」の一言を、形を変えて入れるようにしています。

「おしいなあ、ここでもう少し気持ちが入るといいなあ。」

「うわー、いい書き方しているけど、ここをもう少し詳しく書いてくれるとありがたいなあ。」

「うまいねえ、でも、ここでたとえ言葉を入れると最高にいい作文になるけどなあ。」

こんな一言で、さらなる挑戦を生み出すように、仕掛けています。

これらの仕掛けを通して、一年間かけて子ども達を作文大好きっ子に育てていく。その「道」は長いですが、楽しい道のりです

子ども達の作文に対する取り組みが、着実に変わっていくからです。

ぜひ、本書の紹介している【七十六の作文ネタ】を試してみてください。一年間、試し続けてみてください。

子ども達の作文に対する心が、少しずつ変わっていく様子を味わっていただけるとありがたいです。

福山　憲市

目次

第2章 中学年の作文指導のネタ

第3章 高学年の作文指導のネタ

第1章

低学年の作文指導のネタ

①動物のふしぎ書き書き作文

おすすめ／二学期

1・2年生
30分

指導のポイント

① 子ども達が、よく見たり聞いたりしている動物たちのちょっぴりふしぎな話をした後に、聞いたことを思い出させるように書き残させる作文のネタです。

② まずは、キリンなど子ども達がよく知っている動物の写真を黒板に貼ります。その後、子ども達に知っていることを発表させます。その発表をしっかりと褒めた後、写真を貼った動物のふしぎをゆっくりと語っていきます。

③ 例えば、キリンだと「ベロのふしぎ」「ツノのふしぎ」などの話をします。その際、黒板に話した項目名だけは書いておきます。作文を書く時に、記憶の再生に役立ちます。

④ 初めに【作文例】を提示して、どんな風に書けばいいかを確認してもいいです。

⑤ 動物ネタなので、いろいろな動物で作文を書かせることができます。

【作文例】

先生からキリンさんのふしぎを聞きました。

キリンさんのベロは五十センチもあるそうです。わたしのベロの長さは、五センチぐらいです。キリンさんは、すごすぎです。

キリンさんのベロの色は黒色です。日やけするのをふせぐためだとおしえてもらいました。ベロを出していることが多いからだそうです。

キリンさんはアフリカにすんでいるそうです。だから、食べものを食べるときにあつくなったらいけないからだと思います。

キリンさんのツノは生まれたときからあるそうです。ツノの中には、ほねがあるそうです。（以下略）

どうぶつのふしぎ かきかき作文《さくぶん》

名前	

キリンさんには、どんな「ふしぎ」なお話《はなし》があったかな。おしえてね。

作文のコツ

①キリンさんの「ふしぎ」のお話《はなし》をきいて、あたらしくしったことは何《なに》かな。

・からだのこと　・えさのこと　・すんでいるところ
・赤《あか》ちゃんのこと　・鳴《な》きかた　など、どんなお話《はなし》だったかな。

②「ほかのどうぶつのふしぎ」についてしったらおしえてね。

・かぞくから　・テレビから　・本《ほん》から

／枚目《まいめ》

②面白い名前のもの作文

おすすめ／三学期

1・2年生 30分

指導のポイント

① 身の回りには、たくさんの面白い名前のものがあります。広告などで、どんな面白い名前のものがあるかを探させながら、その名前からどんなことを感じたかを記録させる作文のネタです。
② まずは、一つのものを子ども達に提示します。その名前を三択にして提示します。ものの名前に目を向けさせるためです。その後、名前から想像したことを何人か指名し発表させます。
③ 子ども達が家から持ってきていた広告から、自分が面白いと思ったものの名前を書き出させます。
④ 書き出したものの名前をもとに、作文を書かせます。その際、【作文例】を手本にして書いていいことを伝えます。
⑤ 家に広告がない児童には、教師から広告を渡すか、一つの広告を印刷して、全員に同じものを渡してもいいです。
⑥ 面白い名前のものはたくさんあるので、ネタには困りません。

【作文例】

家からもってきたこうこくから、おもしろい名前のものをさがします。

一番はじめに見つけたのが「ふうふう」です。おなべの名前でした。なべからゆげが出ているようで、おもしろいです。

二番目に見つけたのが「トイレふきとりーな」というものです。トイレをきれいにするものです。トイレをいつもきれいにしなさいといっているみたいです。

三番目は「ごはんですよ」というものです。ビンの中にのりが入っています。ぼくは大すきです。ばんごはんのときに、ぼくをたべてといっているみたいです。（以下略）

おもしろい名前《なまえ》のもの作文《さくぶん》

名前	

おもしろい名前《なまえ》

ふうふう
⇒なべの名前《なまえ》

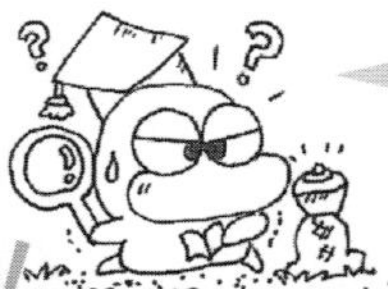

おもしろい名前《なまえ》のものを
さがそう！

作文のコツ

◎こうこくの中から、おもしろいと思《おも》う名前《なまえ》をさがそう。

- どんな名前《なまえ》かな。
- どんなものかな。
- どうして、おもしろいと思《おも》ったのかな。

◎かぞくがおもしろいと思《おも》ったものもおしえてね。

／枚目《まいめ》

③九九がいっぱい作り話作文

おすすめ／三学期

1・2年生
20分

指導のポイント

① 九九を習った後に、九九を使った作り話を考え発表し合う作文のネタです。

② まずは、こんな「九九クイズ」を出します。

「にごった水があったよ。何本あったでしょう。」（答え十本）

「はちに刺されたよ。何回刺されたでしょう。」（十六回）

③ クイズの後に【作文例】を読みます。

「今から読むのは、九九作り話という作文です。どこに九九が隠れているか、話を聞きながら探してくださいね。」

【作文例】を読んだ後、どんな九九が隠れていたか発表させます。その後、真似して作らせます。書き上げた後は、みんなで読み合い、面白かった九九作り話を発表します。

④ 作り話なので、自由に書き進めることができます。作文に一度使った九九でも作り話を変えて何度でも使用でき、ネタが豊富です。

【作文例】

家でたくさんの「くし」を見つけました。三十六本もありました。友だちにあげようと思います。

お母さんに、今日のおかずを聞きました。「にく」とおしえてくれました。十八枚も肉があるそうです。おなかいっぱいになります。

お母さんから、「にし」さんの家に、かいらんばんをもって行ってとたのまれました。八メートルも歩きます。とってもつかれました。

家で「はっぱ」をつかって、ままごとをしました。はっぱを、おさらにしました。六十四枚もおさらができました。

ままごとのあとで、手を「ごしごし」とあらいました。（以下略）

九九《くく》がいっぱい作《つく》り話作文《ばなしさくぶん》

名前

右《みぎ》のように「九九《くく》」がはいった作《つく》り話《ばなし》を作《つく》ろう！

家《いえ》で「くし」を見《み》つけました。三十六本《さんじゅうろっぽん》もありました。

作文のコツ

①九九《くく》がぜんぶかいてあるものをよういしよう。九九《くく》クイズを作《つく》るつもりで、作《つく》り話《ばなし》にちょうせんしてね。

（れい）インク⇒１×９⇒９

ごっくごく水《みず》をのむ⇒５×９⇒45

②かぞくにきいて、アイデアをもらってもいいよ。

／枚目《まいめ》

④空を見ました！何度も見ました作文

おすすめ／二学期

1・2年生 20分

指導のポイント

① 身の回りの自然を、日頃見ている以上にじっくりと見るようにすすめ、見えたものを書いて伝えさせる作文のネタです。

② まずは、子ども達と外に出ます。そこで、こんな風に言います。
「空をじーっと見てください。何が見えますか？」

そう声かけをして、子ども達の見えたものを次々と聞いていきます。そして、時折こんな質問も入れます。

「まるで何みたい？」「いくつ見えたかな？」「どんな色？」

質問を入れることで、さらにじっくり見ることになるからです。

③ 教室にもどったら、【作文例】を紹介します。【作文例】を真似させながら、自分達が見た空の様子を作文にさせます。

④ 空以外にも「土を見ました」「山を見ました」「川を見ました」「花を見ました」など、身の回りにある自然は豊富なので、「見ました」シリーズで作文を書かせることができます。

【作文例】


空を見ました。

たくさんのくもがありました。色は白くて、小さいくもや大きいくもがありました。わたがしやぞうさんやひつじさんのように見えました。大きな山のようなくももありました。

空を見ました。

色は青かったです。海のようです。じっと見ていると、すいこまれそうになりました。

空を見ました。

うすい白色のお月さまも見えました。お月さまを見ていると、鳥がとんでいました。三わとんでいました。

空を見ました。（以下略）

空《そら》を見《み》ました！
なんども見《み》ました作文《さくぶん》

名前

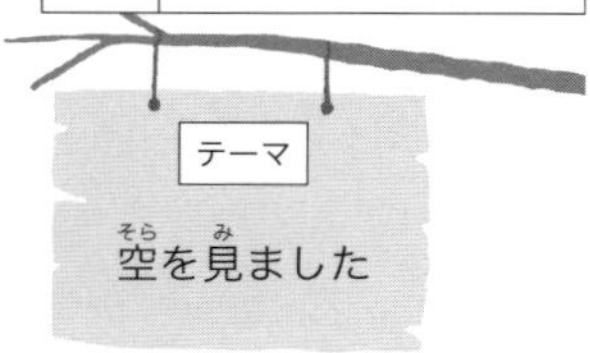

空《そら》をじーっと見《み》てください。何《なに》が見《み》えましたか。おしえてください。

作文のコツ

①空《そら》を見《み》て、見《み》えたものをかきましょう。
- どんなものが見《み》えましたか。
- まるで、何《なに》みたいでしたか。
- じーっと見《み》ていると、どんなきもちになりましたか。
- どんな色《いろ》でしたか。いくつありましたか（いましたか）。

②空《そら》がおわったら「土《つち》」「山《やま》」「川《かわ》」「草《くさ》」などをじーっと見《み》てみましょう！

／枚目《まいめ》

空を見ました。

⑤学校の行き帰り発見作文

おすすめ／二学期

1・2年生
30分

指導のポイント

① 学校の行き帰り、子ども達はいろいろな「もの」に出会っています。出会っている「もの」をいつも以上にじっくり見て、新たな発見を楽しむ作文のネタです。

② 初めから作文を書かせるのではなく、学校の行き帰りに「どんなものがあったか」「それは、どんな色・形だったか」「どんな場所にあったか」などを尋ねます。子ども達の発表を作文の形で板書します。その作文が手本となって、作文を苦手とする子も筆が進みます。

③ 作文には、見つけたものの絵を描かせます。絵を描かせることで、どんなものだったかをじっくりと思い出すことができます。

④ 学校の行き帰りには、実にいろいろな「もの」があります。作文のネタには困りません。いくらでも見つけることができます。作文の「もの」の発展として、出会った「人」や「生き物」「音」「におい」などに変えることもできます。

【作文例】

先生、あのね。がっこうにいくとき、大きなこうじの車を見たよ。

タイヤがとっても大きくて、ぼくのしんちょうよりもっと大きかったよ。色は、き色だったよ。でも、赤色の字で、何かことばが書いてあった。なんて書いてあったかわからなかったよ。先生、こんどおしえてください。こうじの車を見ていると、土をほったよ。かいじゅうみたいに、地めんをほっていたのにびっくり。大きな音もきこえたよ。こわかったなあ。

かえって、お母さんにはなすと、ショベルカーという車だとおしえてくれたよ。かいじゅうカーとおもったのにちがったよ。（以下略）

学校《がっこう》の行《い》きかえり はっけん作文《さくぶん》

名前	

がっこうの行《い》きかえりに、どんなものを見《み》つけたかな。

作文のコツ

①いつもとおる道《みち》に、どんな「もの」があったかな。いつもよりよく見《み》て、先生《せんせい》におしえてね。

②「もの」のようすを、先生《せんせい》にくわしくおしえてね。色《いろ》やかたち、どこにあったか、いくつあったかなどをおしえてね。

③絵《え》もかいて、おしえてね。

／枚目《まいめ》

▲見《み》つけたものの絵《え》

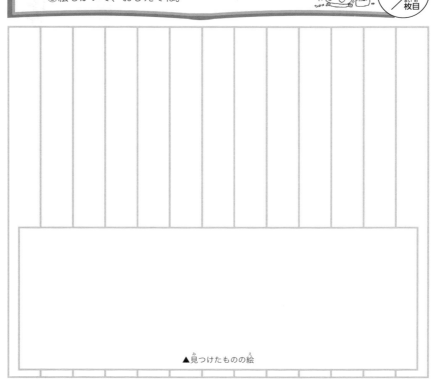

⑥友達の姿にあこがれ作文

おすすめ／二学期

1・2年生 30分

指導のポイント

① 周りの友達のがんばっている姿にあこがれる子ども達。どんな姿にあこがれているかを紹介する作文のネタです。

② 「今日もあこがれタイムをします。あこがれる友達の姿を発表してください。」

何人か指名し、あこがれる姿を発表させます。その際、必ず子ども達の発表を繰り返します。

「手をまっすぐに挙げる姿にあこがれたんですね。すばらしい！」

繰り返すことで、あこがれる視点が子ども達の中に浸透していきます。最後に、【作文例】を読みます。

「こんな風に、あこがれタイムで発表するように作文に書いてください。」

③ 書き方のうまさより、あこがれる気持ちがしっかり入っているかを大切にする作文です。子ども達にも、その大切な視点を伝えます。

【作文例】

わたしは、横山さんのように手をまっすぐにきれいにあげる人になりたいです。

平山さんのように、そうじのとき、すみの方やごみの多いところを見つけてそうじをする人になりたいです。

高島くんのように、はっぴょうであてられたとき、へんじをはっきりする人になりたいです。高島くんのへんじは「はいっ」と小さな「っ」がありま す。すごいです。

西本くんのように、すすんで手つだいをする人になりたいです。西本くんは、先生からたのまれなくても、じぶんから手つだいをしています。すごいです。（以下略）

友《とも》だちのすがたに あこがれ作文《さくぶん》

名前	

あこがれる友《とも》だちのすがたをおしえてください。

横山《よこやま》さんのように手《て》をまっすぐにきれいにあげる人《ひと》になりたいです。

作文のコツ

◎あこがれる友《とも》だちのすがたをかきましょう。

（れい）手《て》のあげかた　そうじのすがた　へんじのしかた
手《て》つだいのすがた　きゅうしょくのじゅんび
はっぴょうのしかた　ノートのていねいさ　など

／枚目《まいめ》

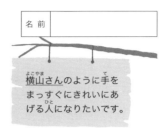

⑦心を伝える手伝い作文

おすすめ／二学期

1・2年生 30分

指導のポイント

① 毎日、手伝いをするという子どもは多いです。そんな手伝いを宿題として全員に出し、同時に「心を伝える手伝いをした様子」を書く作文のネタです。

② 初めに、手伝いをしたことがあるかどうかを聞きます。何人かの子を指名し、どんな手伝いをしているかを発表させます。その後に続けて「手伝いをすることは、とっても素敵なことです。みんないい手伝いをしているようですね。手伝いをする時は、心をしっかり伝えてくださいね。いやいやながらやる手伝いはダメですよ。」と話します。

③ 続けて【作文例】を読んで聞かせます。手伝いをした後、この例のように「心を伝える手伝い」作文を書くことを宿題にします。

④ 「心を伝える手伝い」をすることで、子ども達は保護者からうんと褒められ、笑顔いっぱいになります。

【作文例】

先生がいいました。

「手つだいをするときは、心をしっかりつたえてね。」

わたしは、いつもやっているばんごはんの用いで心をつたえました。家ぞくぜんいんのはしをていねいにならべました。

「きれいにならべてくれたね。ありがとう。」

お母さんから言われました。心がつたわって、とってもうれしかったです。

二つ目は、ちゃわんをあらう手つだいです。きれいにあらうと、お父さんがほめてくれました。心をつたえる手つだいをすると、たくさんほめられます。（以下略）

心《こころ》をつたえる手《て》つだい作文《さくぶん》

名前	

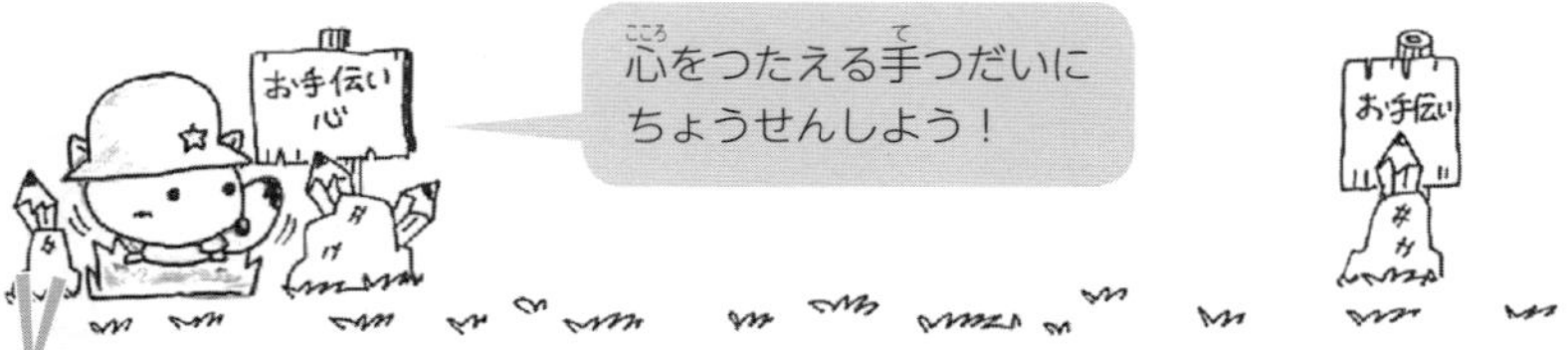

作文のコツ

①心《こころ》をつたえる手《て》つだいにちょうせんしてね。
・どんな手《て》つだいをしたかな。
・どんなふうに、心《こころ》をつたえたかな。
・手《て》つだいのとき、なんといわれたかな。
・手《て》つだいをして、自分《じぶん》はどう思《おも》ったかな。
②何回《なんかい》も心《こころ》をつたえる手《て》つだいにちょうせんしてね。

／枚目《まいめ》

⑧テレビから一つ学び作文

おすすめ／二学期

1・2年生 30分

指導のポイント

① 子ども達は、日々テレビでアニメや歌番組、ニュースなどを見ています。そんなテレビから、何か一つ「学ぶテーマ」を決めて報告するという作文のネタです。

② 【作文例】は、学ぶテーマを「漢字」にしたものです。テレビを見ながら、今までに習った漢字を見つけてメモし、作文にしたものです。

③ 低学年なので、テレビを見ながら一人でメモをすることは簡単ではないです。当然、保護者の協力が必要です。テレビを見ながら、保護者といっしょに学び合う場をつくることになります。中には、祖父母・兄姉などといっしょに学び合って作文を書いてくる子もいます。

④ 一回目は、全員共通で学ぶテーマ「漢字」を提示します。

⑤ 二回目からは、「カタカナ語」「クイズ」「ゆるキャラ名」「動物・植物の名前」などから、テーマを自由に選ばせます。例示されたもの以外のテーマを自分で考えてもいいことにしています。

【作文例】


テレビで天気よほうを見ていると、二年生で習ったかん字が出てきました。お母さんといっしょにメモをしました。

「明日の午後の天気は晴れ」

「朝と夜はさむくなる」

「風がときおり強くなる」

明日、午後、天気、晴れ、朝、夜、風、強くというかん字です。

二年生で習ったので、すぐに読めました。お母さんから、

「よく読めたね、えらいね。」

とほめられました。

メモをするのはたいへんでした。でも、テレビを見ながらお母さんとかん字のべんきょうができたので、とてもうれしかったです。

テレビから一《ひと》つ学《まな》び作文《さくぶん》

名前	

学《まな》ぶテーマ

かん字《じ》・カタカナ語《ご》・クイズ・ゆるキャラ名《めい》・どうぶつやしょくぶつの名前《なまえ》　など

作文のコツ

◎「学《まな》ぶテーマ」をきめて、テレビから学《まな》ぼう。

・かぞくといっしょにメモをとろう。

・かぞくと話《はな》したようすもかこう。「　」をつかおう。

・一《ひと》つのテーマでかけたら、つぎの「学《まな》ぶテーマ」を考《かんが》えよう。

・【作文《さくぶん》れい】を読《よ》んで、手本《てほん》にしよう。まねっこしよう。

／枚目《まいめ》

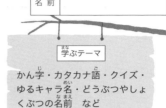

①図書室の本から題名にこだわり作文

おすすめ／一学期

1・2年生 30分

指導のポイント

① 図書室にある本を、ある視点を決めて探してみます。例えば、「動物」という視点。動物が入った題名を探します。すると、多くの面白い題名があることに気がつきます。その探した様子を書いて、報告する作文のネタです。

② まずは、子ども達を図書室に連れて行きます。そこで、一冊の本を見せます。

「この本の題名は、三匹の子ぶたです。ぶたさんが出てくるお話です。今から、この本のように動物が入った題名を五分間で探せるだけ探してください。」

もちろん、ノート片手にメモをさせながら探させます。五分後、見つけた題名を発表させます。その後、【作文例】を読んで聞かせ、探した様子・探した題名を紹介する作文を真似して書かせます。

③ 動物以外に、色や形・乗り物・〇の〇などの題名探しをさせます。

【作文例】

「今日は、どうぶつが入った本のだい名をしらべてください。」

先生が、今日のもんだいを出しました。わたしは、中村さんとしらべました。国語のノートに見つけただい名をメモしました。

・あひるのたまご
・きつねのざんげ
・からすのパンやさん
・きこりとおおかみ
・くろねこかあさん
・ねずみのでんしゃ
・ふうせんねこ
（途中略）
・おさるになる日

わたしは『ふうせんねこ』を読みたくなったのでかりました。（以下略）

としょしつの本《ほん》から だい名《めい》にこだわり作文《さくぶん》

名 前	

作文のコツ

①【作文《さくぶん》れい】をお手本《てほん》にしよう！

・先生《せんせい》がいったことばをかこう。　・見《み》つけただい名《めい》をかこう。

・読《よ》みたくなっただい名《めい》をかこう。

・さがしているときのきもちをかこう。

②家《いえ》にある本《ほん》をつけくわえてもいいよ。

／枚目《まいめ》

②指先じっくり観察作文

おすすめ／一学期

1・2年生
20分

指導のポイント

① 誰の指にもある「指紋」。指紋の形は人それぞれで面白いです。どんな様子の「指紋」か、みんなに分かりやすいように伝える作文のネタです。

② 作文を書かせる前に、教師の「指紋」の様子を子ども達に伝えます。まずは、黒板に「指紋」の絵を描きます。描いた絵をもとに、指紋の説明をします。「指紋の形」「指紋の渦の様子」「まるで何のように見えるか」などを伝えます。

③ 指紋が見えにくい時には、虫眼鏡を使わせたり指紋を紙に写させたりします。一本の指だけでなく、五本の指の指紋について説明してもいいことにしています。自分の指紋の説明が終わったら、家族や友達の指紋の説明をしてもいいです。

④ 作文の発展として、指先ということで「指紋」だけでなく「爪」の様子を作文にする子も出てきます。

【作文例】

わたしの人さしゆびのしもんは、かとり線こうのようです。ぐるぐると何回もうずをまいています。

線は、とっても細くて、まるでめいろのようです。ゴールがどこにあるかわかりません。

中ゆびのしもんを見ると、人さしゆびのしもんとはちがいました。

うずが丸くなくて、たこの頭のように見えました。ほかのゆびのしもんもしらべます。（以下略）

ゆびさきじっくり かんさつ作文《さくぶん》

名前	

ゆびさきのしもんを、じっくりかんさつしてみてね。どんなはっけんをしたかな。

作文のコツ

①どんなしもん（もよう）が見《み》えたかな。絵《え》をかいて、先生《せんせい》にせつめいをしてね。

②かぞくみんなのゆびさきのことも、おしえてね。

③しもん（もよう）は、何《なに》みたいに見《み》えるかな。

／枚目《まいめ》

▲ゆびさきのもよう

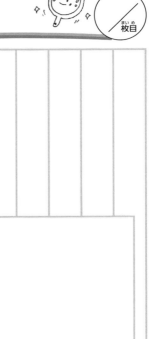

③お菓子の袋をじっくり見て見て作文

おすすめ／二学期

1・2年生
30分

指導のポイント

① 日頃、何気なく食べているお菓子の袋をじっくりと見て、どんな工夫があるかを探り、書いて発表する作文のネタです。

② まずは、お菓子の袋を三つ程度集めて持って来させます。

「今日は、たくさんのお菓子の袋が集まりました。どんな袋があるか、みんなで紹介し合ってください。」

各自が持って来たお菓子の袋を、一人が一つずつ提示していきます。いろいろなお菓子の袋があることを確認し合います。

③ 作文ワークと同じ「かっぱえびせん」の袋の表を子ども達に見せます。そこで聞きます。

「何が見えますか。」

何人かを指名して、発表させます。その後、【作文例】を読みます。【作文例】を真似させ、見えたことや考えたことなどを作文に書かせます。一作できたら、他のお菓子の袋に挑戦させます。

【作文例】

ぼくの大すきな「かっぱえびせん」のふくろをさぐります。

一ばんはじめに目がいったのは、えびです。大きなえびがはねているようで、とってもおいしそうです。色もまっ赤で、ぼくの大すきなえびの色です。

そのえびの後ろに、白い川のようなもようが見えます。海のなみのようにも見えます。

えびが、その中からとび出してきたようなかんじがします。お母さんは、このもようを見て、

「しんせんなかんじがするね。」

といっていました。

こんどは、字を見てみました。

（以下略）

おかしのふくろを じっくり見《み》て見《み》て作文《さくぶん》

名前

右《みぎ》のしゃしんは「かっぱえびせん」の袋《ふくろ》の表《おもて》だよ。このしゃしんを見《み》て、どんなくふうがあるかをさぐろう！

作文のコツ

①どこに目《め》がいくかな。
・絵《え》かしゃしんか文字《もじ》のどこか。
・なぜ、そこに目《め》がいったか。
・それを見《み》てどんなことを思《おも》ったか、かんがえたか。　など

②かぞくに見《み》せて、どこに目《め》がいき、どう思《おも》ったかをきこう。

③ほかの「おかしのふくろ」でも、同《おな》じようにさぐってみよう。

／枚目《まいめ》

④話者になって自分に声かけ作文

おすすめ／二学期

1・2年生　20分

指導のポイント

① 話者に変身して、自分に声かけをする作文のネタです。

② まずは【作文例】を読みます。

「今から読む作文は、ある女の子が自分に声かけをしている作文です。どんな声かけをしているか、後で教えてくださいね。」

読み終わったら、陽子ちゃんが自分に向けて、どんな声かけをしていたか発表させます。

③ みんなだったら、自分に向けてどんな声かけをするか考えさせます。数名指名して一つだけ発表させます。この時、【作文例】は自分に注意している言葉が多いけれど、褒める言葉を入れてもいいことを話します。

④ 書き終わったら、友達と読み合います。友達の【自分に声かけ作文】を読むことで、書き方を参考にすることができます。一年間に何度か書かせてみると、子ども達の声かけの変化が分かります。

【作文例】

陽子ちゃん、わすれものをしたらいけないよ。

とくに、手ぶくろとふでばこ。ときどき、わすれているよ。だめですよ。

ほかに、わすれものはない？　気をつけてね。

陽子ちゃん、字がへたですよ。もっと、ていねいに書かないとだめですよ。れんしゅうをしていますか。

陽子ちゃん、ゲームばかりしていたらしかられますよ。

時間をきめて、やくそくをきちんとまもってくださいね。

目もわるくなりますよ。ほんとう、だめですよ。（以下略）

自分《じぶん》に声《こえ》かけ作文《さくぶん》

名前	

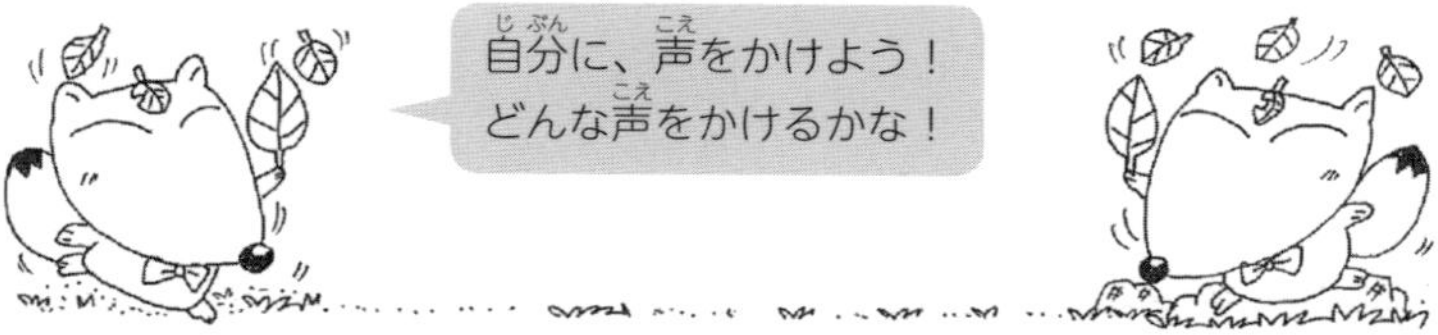

作文のコツ

①自分《じぶん》に、ちゅういすることをかこう。

・もっとこんなことに気《き》をつけて。

・もっとこうするといいよ。

②自分《じぶん》に、ほめることをかこう。

・ここが、すごいね。　・こんなこと、がんばっているね。

／枚目《まいめ》

⑤チェックチェック漢字チェック作文

おすすめ／一学期

1・2年生
30分

指導のポイント

① 習った漢字をミスしないように、細かくチェックする様子を作文にするネタです。

② まずは「歌」という漢字を黒板に書き、次のように聞きます。
「何と読みますか。」「そうです、『うた』です。」「では、指鉛筆！　一度書いてみましょう。」

③ 「歌」という漢字のどの部分に気をつけて書くといいか、一つ以上見つけさせます。
「歌という漢字を書く時、どこに気をつけて書いたらいいですか。一つ以上、考えてください。友達と相談をしていいです。」

④ 【作文例】を読んだ後、【作文例】を真似して「歌」という漢字のチェックの様子を黒板に書きます。これを手本にさせます。

⑤ 【作文例】や黒板に書いた「歌」チェック作文を真似させ、一人ひとりが気をつけている漢字のチェック作文を書かせます。

【作文例】

二年のかん字チェックチェックをします。

一ばん目は「場」というかん字です。二つチェックがあります。

「日」の下のよこぼうをわすれてしまいそうです。チェック！

「勿」のはねるのもわすれそうです。チェック！

二ばん目のかん字は「船」です。「舟」のところをよく見てください。二つのてんの書きかたをまちがえていました。「雨」みたいな書きかたをしていました。一つのてんは、たてのぼうみたいです。それに「舟」のはねをチェック！

三ばん目は「角」です。「用」になるのでチェック！（以下略）

チェックチェック
かん字《じ》チェック作文《さくぶん》

名前	

答　曜　読　原
雪　電　黄　長
茶　朝　顔　教

右《みぎ》のかん字《じ》は、二年生《ねんせい》のかん字《じ》です。どんなところをチェックして、かん字《じ》をおぼえたらいいですか。

作文のコツ

①かん字《じ》をチェックするときには、次のポイントをさんこうにしてください。

・とめ　・はね　・はらい　・かきじゅん

・くっつけるかどうか　・よこぼうの数《かず》　など

②二《に》年生《ねんせい》だけでなく、ほかの学年《がくねん》のかん字《じ》についての作文《さくぶん》もかいてみましょう。

／枚目《まいめ》

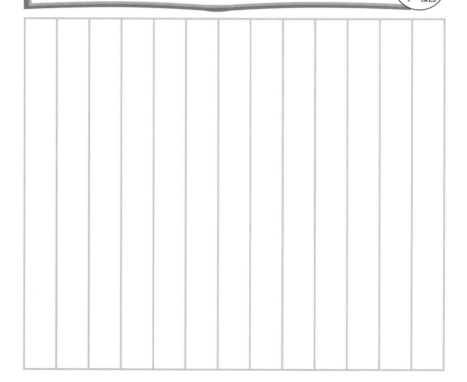

⑥何に使えるかな作文

おすすめ／二学期

1・2年生
30分

指導のポイント

① 身の回りにある、ついつい捨ててしまいがちなものの再利用方法を考えて、作文にするネタです。再利用できるものは、すべて作文ネタです。

② まずは、子ども達に「サランラップの芯」を見せます。「これ、何か分かりますか。（間）そうです、サランラップの芯です。このサランラップの芯を捨てずに、何か他のものに使えないか一つ考えてください。友達と相談してもいいです。」

③ 芯を何かに再利用できないか、発表させます。ある程度、考えが出た後に【作文例】を読みます。「この作文は、みんなと同じ二年生の作文です。お母さんやお父さんにも、何か他に使い道がないか聞いていますね。みんなも、家に帰って、いろいろな人に聞いてみてください。」

④ 聞いたことや自分が考えたことをもとに、【作文例】を真似させて作文を書かせます。

【作文例】

サランラップのしんが、何につかえるかを考えました。

まずは、お母さんに聞きました。

「そうねえ。クッキーを作る時のかたぬきかな。」

「それと、クッキーを作る時に、生地をのばす時に使うかな。」

クッキー作りが好きなお母さんらしいです。

つぎは、お父さんに聞きました。

「そうだねえ、おもちゃのバットかな。ゴルフにもつかえるねえ。はねなどをつけて、ひこうきを作ることもできるね。」

工作ずきのお父さんらしいです。

お兄ちゃんにも考えてもらいました。

（以下略）

何《なに》につかえるかな作文《さくぶん》

名前

サランラップのしんは、
ほかに何《なに》かにつかえますか。かんがえてね。

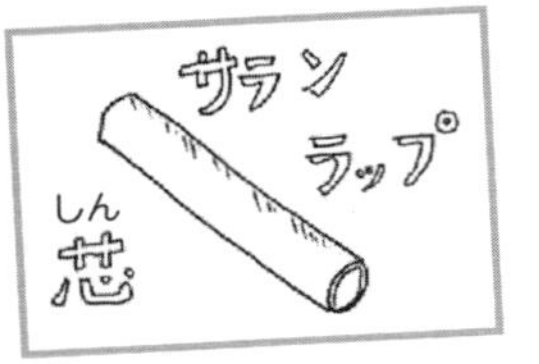
サランラップ
芯《しん》

作文のコツ

①かんがえをまとめるときに、つぎのことをかこう！
- 自分《じぶん》のかんがえをかこう。
- かぞくや友《とも》だちのかんがえをかこう。
- かぎかっこ（「　」）をつかって、話《はなし》をしたことをかこう。

②きる、おる、はる、くっつける、かさねる、へこませるなど、いろいろなほうほうで、つかいかたをかんがえよう。

／枚目《まいめ》

⑦絵の中からまちがい見つけ作文

おすすめ／二学期

1・2年生 30分

【作文例】

先生がかいた絵の中からまちがい見つけをします。

一ばん目に見つけたのが、うさぎさんのはなです。うさぎさんの顔の中に、小さなはなの点があるのとないのです。

二ばん目に見つけたのが、かっぱくんのリボンです。リボンがついているのとついていないのです。

三ばん目に見つけたのが、ミイラねこのそばの岩のえんぴつです。えんぴつがあるのとないのです。

四ばん目に見つけたのが、リュウゾウ君の黒目です。黒目の大きさがちがいます。

五ばん目は、「あ」の風船です。色があるかないかです。（以下略）

指導のポイント

① 同じような二枚の絵の中に、たくさんのちがうところがあります。そのちがうところをただ発見させるだけでなく、見つけた過程を書いて伝えさせる作文のネタです。

② まずは、まちがい探しに慣れさせます。似ている二枚の絵を配布し、ちがうところを探させます。その際、まちがいがいくつあるかを正確には言いません。ただ、十個以上あることだけを告げます。そうすると、まだあるかもしれないという目で、何度も絵を見るようになるからです。制限時間は五～十分程度にします。

③ まちがい探しの後は、見つけたちがいをしっかりと発表させます。

④ 今度はレベルアップということで、見つけたちがうところを書いて伝えてくださいと言います。その際、【作文例】も読みます。

⑤ まちがい探しの絵は、いくらでも作ることができるので、シリーズで作文を書かせることができます。

絵《え》の中《なか》から まちがい見《み》つけ作文《さくぶん》

名前

右《みぎ》と左《ひだり》の絵《え》は、どこがちがうかな。見《み》つけてね。

作文のコツ

◎まちがいを見《み》つけたじゅんばんに、しょうかいしていこう。

・見《み》つけたところをくわしくせつめいしよう。

／枚目《まいめ》

おすすめ／三学期

⑧聞き書き昔のこと作文

1・2年生
30分

指導のポイント

① 祖父母や両親など自分より大人の人に昔のことを聞いて、聞いた話を書いてまとめる作文のネタです。

② 初めは、次のような話から入ります。

「先生が、おじいちゃんから聞いた話です。先生のおじいちゃんの子どもの頃は、ビー玉でよく遊んでいたそうです。（以下略）」

教師自身の祖父母などから聞いた話をします。

③ 【作文例】を読みます。

「今度は、みんなと同じ一年生の作文です。おばあちゃんなどから聞いた話を作文にまとめています。」

④ 【作文例】を真似させて、自分より大人の人から聞いて学んだことを書いて作文にまとめさせます。

⑤ 聞き書きなので、家族だけでなく地域のお年寄りをはじめとする大人から聞いたことを作文にさせると、ネタは尽きません。

【作文例】

おばあちゃんに、むかしのことをききました。

山でおにごっこをしたり、木のぼりをしたりしていたそうです。

おはじきやメンコやコマをみんなでやっていたそうです。うらやましいです。

おじいちゃんにも、むかしのことをききました。

むかしは、セブンイレブンのようなコンビニもなかったそうです。じどうはんばいきもなくて、ジュースはおみせやさんでかっていたそうです。

夜はまっくらで、そとに出るのがとってもこわかったそうです。八じにねていたそうです。（以下略）

ききがきむかしのこと作文《さくぶん》

名前

自分《じぶん》より年上《としうえ》の人《ひと》から、
むかしのことをきいてみよう。

作文のコツ

◎むかしのことをきくときのポイントがあるよ。

・むかしのあそび　・むかしのべんきょう
・むかしの食《た》べもの　・むかしの学校《がっこう》
・むかしの町《まち》のようす　・むかしのテレビばん組《ぐみ》
・むかしの一日《いちにち》のようす　・むかしのきかい　など

枚目《まいめ》

⑨詩のヒミツを考えた作文

おすすめ／三学期

1・2年生 30分

指導のポイント

① 詩を読ませ、詩に書かれている言葉一つ一つにこだわらせ、言葉のもつ意味を一・二年生なりの目で考えさせる作文のネタです。いろいろな詩で試すことができるので、シリーズで書かせます。

② まずは、作文ワークの詩「赤とんぼ」を黒板に貼ります。何回か読ませた後、聞きます。

「どの言葉が気になりますか。どの言葉に目がいきましたか。」

気になる言葉・目がいった言葉から、言葉一つ一つにこだわりをもたせます。

③ 何人かを指名して、発表させます。例えば、必ず「ゆうびんのマーク」という言葉に目がいきます。その言葉が出たら「どんな形が浮かびますか?」というような《追加質問》をしていきます。

④ ある程度、言葉にこだわりをもたせた後に【作文例】を読みます。この【作文例】や発表で出てきたことをもとに作文を書かせます。

【作文例】

「赤とんぼ」の詩を読んで、かんがえたことを書きます。

一番に目がいったのが「ゆうびんのマーク」です。

ゆうびんのマークと聞くと「〒」がうかびます。ゆうびんのマークは、とんぼににています。

たとえ言葉だと思います。

ゆうびんのマークが、しらせにくるというのは、赤とんぼを見るようになるということだと思います。

私も、秋にたくさんの赤とんぼを見たことがあります。

公園であそんでいると、たくさんの赤とんぼが、とんでいました。

次に、金色の空という言葉に目がいきました。（以下略）

詩《し》のヒミツをかんがえた作文《さくぶん》

名前

赤とんぼ　まど・みちお

つくつくほうしが
なくころになると、
あの　ゆうびんのマークが、
きっと　知らせにきます。
金色の空から
もう　あきですよ……って。

作文のコツ

①どの言葉《ことば》に、目がいったかな。
- 気《き》になった言葉《ことば》をかこう。
- その言葉《ことば》から、どんなことを思《おも》ったかな。
- 自分《じぶん》が、しっていることをかこう。

②お手本《てほん》の作文《さくぶん》や友《とも》だちが思《おも》ったことも、作文《さくぶん》にかこう。

／枚目《まいめ》

①どれだけ漢字にできるかな作文

おすすめ／三学期

1・2年生　30分

指導のポイント

① すべて平仮名で書いてある文章の中から、漢字にできるものを探し、漢字まじりの文章に変身させます。どのように平仮名を漢字にしていったかを説明する作文のネタです。

② 初めは、すべて平仮名で書いた簡単な文章を提示します。「わたしは、ごはんのときになっとうをたべました。」この文章を、漢字が入ったものに変身させることができるかなと投げかけます。当然、一・二年生には難しいですが、ここで辞典を実物投影機などで映し、辞典を引くと漢字が分かることを教えます。

③ 辞典を引く時、初めは保護者の協力を得ます。【作文例】を印刷したものを保護者に渡して、親子学びをしてほしい旨を伝えます。

④ 作文ワークの問題を、親子で辞典を引きながら解くようにお願いします。

⑤ 辞典にも慣れ、作文にも慣れるという一石二鳥の学びの場です。

【作文例】

「はじめに、せっけんのあきばこのりょうがわのまえとうしろに、きりでちいさいあなをよっつあけます。」

この文で、かん字にできるものはぜんぶ、かん字にします。

お母さんといっしょに、家にあるじてんでしらべました。

「初め」「石鹸」「空き箱」「両側」「前」「後ろ」「錐」「小さい」「穴」「四つ」「開けます」

これだけかん字にできました。

まよったのは、「きり」と「あけます」です。

じてんに、いっぱいかん字がありました。お母さんに、いみをおしえてもらってわかりました。（以下略）

どれだけかん字《じ》に できるかな作文《さくぶん》

名前	

いくつかん字《じ》に
できるかな？

はじめに、せっけんのあきばこのりょうがわのまえとうしろに、きりでちいさいあなをよっつあけます。つぎに、うえとしたに、まるいたまをのせます。ここまで、できましたか。

作文のコツ

①じてんをつかうと、かん字《じ》にできるものが見《み》つかるよ。

②お父《とう》さんやお母《かあ》さん、かぞくみんなの力《ちから》をかりて、
いくつかん字《じ》にできるか、
ちょうせんしてね。

／枚目《まいめ》

「はじめに、せっけんのあきばこのりょうがわのまえと
うしろに、きりでちいさいあなをよっつあけます。つぎに、
うえとしたに、まるいたまをのせます。ここまで、できま
したか。」

②○○の○○作文

おすすめ／二学期

1・2年生
30分

指導のポイント

① 「○○の○○」の○の中に言葉を入れ、自由に題名を作って作文にするネタです。

② 初めは「○○の○○」の下の部分を限定して提示します。例えば「○○の国」というように決めます。上の言葉だけを子ども達に考えさせるのです。

③ 作文を書かせる前に、どんな言葉を入れたか発表させます。いくつも考えることができるので、考えた中から「とっておきの題名」を発表させます。

④ 【作文例】を子ども達に読んで聞かせます。どんな書き方をすればいいかの手本にさせます。

⑤ 一作できたら、ちがう題名でいくつも書かせます。書くことに慣れさせます。

⑥ 上・下の言葉を考えさせると、ネタが尽きることはありません。

【作文例】

ぼくは「あべこべの国」をかんがえました。

この国では、なんでもかんでもあべこべです。

朝は「おやすみ」、夜は「おはよう」です。

おなかがへったときには「ああ、おなかいっぱい」と言います。

かなしいときには、わらいます。うれしいときには、大なきします。

けいさつが悪いことをして、どろぼうがいいことをします。

お父さんがお母さんで、お母さんがお父さんです。

男の子がスカートをはいたり、リボンをつけたりします。

歩くときはうしろむきです。

（以下略）

〇〇の国《くに》　作文《さくぶん》

名前	

作文のコツ

①お友《とも》だちがかいた「あべこべの国《くに》」のかき方《かた》をまねっこしよう！

②その国《くに》では、どんなことができるか、おしえてね。

③あたらしい国《くに》をどんどん、かんがえてね。

／枚目《まいめ》

③カラーバス効果で色や形にこだわる作文

おすすめ／二学期

1・2年生 30分

指導のポイント

① カラーバス効果という言葉があります。「赤色のものを探して！」と言われると、赤色が気になって、自然と赤色に目がいくようになるという効果です。この効果を利用して、色や形などに目を向けさせて、発見したことを報告する作文を書かせるネタです。

② 初めに、学校探検をしながら「赤色のもの」を探させます。見つけたものをメモさせ、教室にもどってから発表させます。

③ 探検に行く前に「五個見つけると合格！　十個見つけると発見博士」と言って、目標をもたせておきます。

④ 子ども達の発表後に【作文例】を読んで聞かせます。作文ワークには、最初から【作文例】のような書き始めが書いてあるので、後は見つけたものを順番に書いていくように話します。

⑤ ちがう色のもの、いろいろな形のもの、いろいろな大きさのものなど、カラーバス効果を利用する作文のネタは豊富です。

【作文例】

きょうは、赤色さがしをします。

学校から家にかえるまでに、赤色のものを十こいじょうは見つけたいと思いました。

はじめに見つけたのが、ポストです。

つぎに見つけたのが、赤い花です。道にさいていました。これで二こです。

三こ目は、赤いくつをはいた人です。これは、ともだちが見つけました。赤色のふくの人もいました。四こ目です。

五こ目は、赤い車です。女の人がうんてんしていました。

六こ目は、しんごうの赤色です。家にかえるまでに、二つしんごうがあります。（以下略）

色《いろ》やかたちにこだわる作文《さくぶん》

名前

学校《がっこう》から家《いえ》にかえるまでに、どんな色《いろ》のもの（人《ひと》）がありましたか。

作文のコツ

①作文《さくぶん》のはじめの文《ぶん》は、すでにかいてあります。（　）の中《なか》に色《いろ》をいれましょう。
②つぎに、学校《がっこう》を出《で》るときのきもちをかきましょう。
③どんどん、見《み》つけたものをかいていきましょう。
　・どんなものか　・どこにあったか　・だれが見《み》つけたか　など

④いろいろな色《いろ》のもの、いろいろなかたちのもの、いろいろな大《おお》きさのものなどにもちょうせんしてみましょう。
⑤見《み》つけるときには、交通《こうつう》あんぜんなどに気《き》をつけましょう。

／枚目《まいめ》

きょうは、（　　）色《いろ》さがしをします。

④いっぱい「かける」作文

おすすめ／二学期

1・2年生
20分

指導のポイント

① 日頃よく使っている「かける」。この「かける」には、いろいろな使い方があります。その使い方を探し、作文にまとめるネタです。

② 黒板に「かける」と書いた後、どんな時に「かける」という言葉を使うかを発表させます。

③ 発表後、友達と一緒に「かける」を使った言葉探しをさせます。十分程度探させた後に【作文例】を読んで聞かせます。

「今から、今読んだ作文のように、自分達が探した〈かける〉のことを作文にしてくださいね。」

その際、【作文例】の書き出しをそのまま真似させます。

④ さらに、【作文例】に出てくる次の問題「かく」。この「かく」を使った言葉探しも続けさせます。

⑤ 「かける」「かく」以外にも、「あける」「さく」「もえる」など、いろいろな使い方ができる言葉は豊富です。作文ネタに困りません。

【作文例】

「かける」をつかった文をたくさんかきます。友だちといっしょにさがしました。

ふくをかける。電わをかける。時間をかける。いのちをかける。水をかける。めいわくをかける。ドレッシングをかける。お皿がかける。お金をかける。外にでかける。火にかける。人にはなしかける。バッグをかたにかける。せ中をかける。字がかける。心ぱいをかける。かんばんをかける。道ろにはしをかける。わなにかける。アイロンをかける。目ざましをかける。

こんなに見つかって、うれしいです。

つぎは「かく」をつかった文をさがします。（以下略）

いっぱい「かける」作文《さくぶん》

名前	

「かける」をつかった
言葉《ことば》をたくさんさがし
てみよう！

作文のコツ

①作文《さくぶん》のお手本《てほん》をまねして、自分《じぶん》が見《み》つけた「かける」をかいてみよう！

②「かける」がおわったら、つづけて「かく」「あける」「もえる」「さく」などをつかった言葉《ことば》をさがそう！

／枚目《まいめ》

⑤絵を見てミニミニ物語作文

おすすめ／三学期

1・2年生 20分

指導のポイント

① 二コマ漫画や四コマ漫画を見てどんな物語が浮かんだか、作文にして紹介するネタです。

② 初めに、作文ワークと同じ二コマ漫画を黒板に提示します。

「一枚目の絵を見てください。ある子は、この絵を見てこんな作文を書きました。」

そう言って【作文例】の五行目までを読みます。

「みんなだったら、ゴリラさんの名前は何にする？　今、何をしているところだと思う？　このゴリラさん、どうなったと思う？」

何人かの子ども達の創造したミニミニ物語を聞きます。

③ 二枚目の絵でも、同じような流れで話を進めます。

④ 今一度【作文例】を読み、黒板に提示し、書き方を真似させて、ミニミニ物語を書かせます。

⑤ 二コマ・四コマ漫画があれば、作文のネタに困りません。

【作文例】

①ゴリラの花子さんが、ダンスをしています。ランランラン。もう少しで、ハチのすにあたってしまいます。あぶない、あぶない。でも、だいじょうぶでした。

ところが、家にかえるときに、木にぶつかって、ハチの大ぐんがやってきました。

「ブーンブーン」

「キャー、助けてー」

ゴリラの花子さんは、大いそぎで家にかえりました。

②ゴリラさんがルンルンルン。公園ではしゃいでいます。草むらにハチのすがあることに気がつきました。ゴリラさんは、ハチのすに向かってアッカンベーをしました。（以下略）

絵《え》を見《み》て
ミニミニものがたり作文《さくぶん》

名前	

作文のコツ

①ゴリラさんの名前《なまえ》は？　何《なに》をしているのかな。

②このゴリラさん、どうなったと思《おも》う？

③ものがたりを、いっぱいかんがえてもいいよ！

／枚目《まいめ》

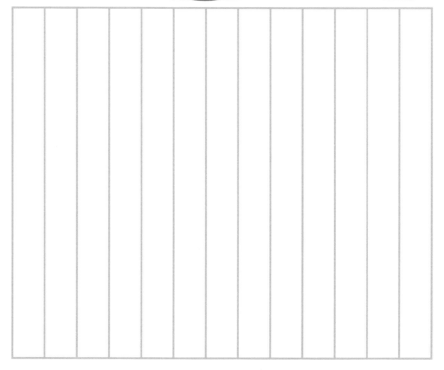

第2章

中学年の作文指導のネタ

①木をじっくり観察作文

おすすめ／一学期

3・4年生 20分

指導のポイント

① 学校や家の周りにある「木」。いつもは何気なく見ている木をじっくり観察。いろいろな視点をもって観察してみると、そこに新しい発見が生まれます。身近な自然に、いつも以上に目を向けて観察を楽しむ作文のネタです。

② まずは、学校にある「木」のところに行き、次のような視点を与えます。「触った感じ」「におった感じ」「聞こえる音」「観察する場所」など、一つ一つの視点に対する子ども達の声を聞きます。友達の言葉一つ一つが、作文を書く時の参考になります。

③ 作文を書かせる時には、子ども達に「木」を選ばせ、虫眼鏡なども渡します。観察している場所で作文を書くのではなく、メモをとらせます。そのメモをもとに作文を書かせるのです。

④ いろいろな種類の「木」があるので、作文のネタには困りません。

【作文例】

学校の中庭にある大きな木をさわってみました。さらさらしていて、想像していたのとはちがいました。もっとざらざらしていると思っていました。

今度は、木をにおってみました。自然のいいにおいがしました。でも、いっしょににおった田中君は、へんなにおいだと言っていました。

木の様子をよく見るために、虫めがねも使ってみました。目で見るより、木がでこぼこしている様子がよく分かりました。見ただけでは気がつかなかった、小さな穴がたくさんあって、びっくりしました。

木の色も、茶色だけでなく、いろいろな色がありました。（以下略）

木をじっくり観察《かんさつ》作文

名前	

木をじっくり観察《かんさつ》してみてね。
どんなことに気がついたかな。
どんな発見《はっけん》があるかな？

作文のコツ

①木をじっと観察《かんさつ》する時のポイントがあるよ。
・さわるとどんな感《かん》じ？　・におうとどんな感《かん》じ？
・木にそっと耳を近づけると、どんな音が聞こえる？
・虫めがねで見ると、どんなものが見える？　など
②木を見る場所をかえると、どんなちがいがあったかな。
③ちがう木にすると、どんなことに気がついたかな。

／枚目《まいめ》

②親子会話で学んだこと作文

おすすめ／三学期

3・4年生
20分

指導のポイント

① 家族の会話に目を向けて、その場で学んだことを作文に書いて、みんなに学びのおすそ分けをするネタです。

② まずは【作文例】を読んで聞かせます。

「今から読む作文は、ある女の子が書いたものです。」

読んだ後、次のように聞きます。

「この女の子は、誰と話をしていましたか。」「この女の子は、どんな話をしていましたか。」

③ 親子で話したことや祖父母と話したこと、きょうだいで話したことなど、いろいろな人との会話を通して学んだことを作文に書かせます。【作文例】の女の子のように、学んだことを友達におすそ分けをしようと投げかけます。

④ 日々会話していることを日記感覚で作文にすることで、シリーズで作文に取り組むことができるネタです。

【作文例】

私が「世界い産」を言いながら、自学ノートに書いていると、お母さんがこんなことを言ってきました。

「知ってた？　この前見た『もののけ姫』の風景って、屋久島をモデルにしたらしいよー。」

「えー、本当？」

思わず言ってしまいました。

すぐに、お母さんといっしょに調べました。

なかなか見つけることができなかったけど、屋久島の風景を見ることができました。もののけ姫に出てきた風景にとってもにていました。

「一度でいいから、屋久島に行ってみたいね。」

お母さんが言いました。（以下略）

親子会話で学んだこと作文

名前	

作文のコツ

①【作文例《れい》】のように、家族《かぞく》で話したことを書こう！

・家族《かぞく》のだれと、どんなことを話したかな。

（例《れい》）アニメの話　インターネットの話　本の話
買い物《もの》の話　旅行《りょこう》の話　勉強《べんきょう》の話　昔《むかし》の話　など

②自分から、家族《かぞく》にどんどん話しかけていこう。

／　枚目《まいめ》

③自分の伸び伸び成長作文

おすすめ／一学期

3・4年生 20分

指導のポイント

① 自分の成長を「伸び伸び」と称して作文に書かせます。自分の成長を書きながら確認する作文のネタです。

② 次のような質問を書いた用紙を配布します。
「自分が一学期の終わりまでに、伸びたなあと思うところを箇条書きにしてください。」
もちろん、左のような例を書いておきます。
（例）よく発表をするようになったと思います。まちがっていてもいいので、勇気を出して手を挙げることができるようになりました。

③ 何人か発表させた後に【作文例】を読みます。
「今箇条書きにしたものを使って、こんな作文を書いた人がいます。後でこの作文をお手本に、みんなも作文に挑戦してください。」

④ 「伸び伸び」と称して作文を書かせる機会は、行事後や学期の終わりなど多くあります。

【作文例】

ぼくの伸び伸びを書きます。

ぼくは、自学の質が伸びたと思います。四月ごろの自学ノートを見直してみると、なんだこれーと思いました。分析も字が少なくて、内容もよくありませんでした。

今と比べてみると、幼稚園と小学生くらいの差があると自分で思います。それくらい伸びたと思います。

自学の量も伸びています。初めは、五ページいけばすごいと思っていました。今は簡単に十ページ以上書けるようになっています。書きだしたら止まらないくらい、どんどん書きたいことが頭にうかんできます。（以下略）

自分の伸《の》び伸《の》び成長《せいちょう》作文

名前	

自分が伸《の》びたなあと思うところを
教えてね！

作文のコツ

①自分が伸《の》びたなあと思うところを探《さが》そう！
（例《れい》）学習面《めん》……発表《はっぴょう》　ノートのとり方　自学　集中力《しゅうちゅうりょく》　など
生活面《めん》……そうじの仕方《しかた》　忘《わす》れ物《もの》　返事《へんじ》　など
②行事《ぎょうじ》などをがんばったことも教えてね。
（例《れい》）一年生をむかえる会　なわとび集会《しゅうかい》　など

／枚目《まいめ》

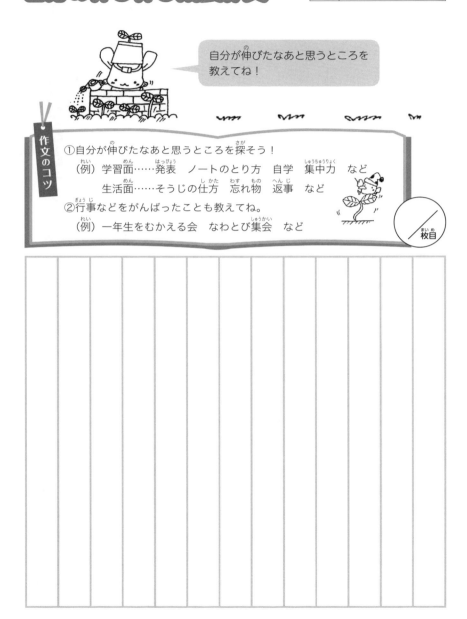

④みんなありがとう作文

おすすめ／一学期

3・4年生 20分

指導のポイント

① 「みんなありがとう」……これは、自分の周りの人からすごいなあ、ありがたいなあと思う姿を見つけて、感謝する作文を書くネタです。

② 四月当初から帰りの会などを利用して「みんなありがとう」タイムを設けます。①のような姿を見つけ、発表する場です。こういう「場」の発表に慣れてきた頃に、今まで発表してきたことを作文に書かせます。

③ 【作文例】を読んで聞かせ、どのように今まで発表してきたことをまとめているか、参考にしていいことを伝えます。

④ 子ども達が書いた「みんなありがとう」作文は、掲示コーナーを作って貼っておきます。作文の手本になるうえ、ありがとうを書かれた子ども達に、思いがしっかりと伝わる場となります。

⑤ ①のような姿は日々数多くあり、作文のネタには困りません。

【作文例】

今日の「みんなありがとう」を書きます。

田中さんは、みんなが出した宿題プリントをきれいにそろえ直していました。とってもきれいにそろっていて、きもちがよかったです。ありがとう。こんど私もまねします。

渡辺君の発表の手のあげ方が、すごかったです。うでや指がぴんとのびていました。手本にします。ありがとう。

山田さんは、席をはなれる時に、音を立てないようにイスを入れていました。まわりの人のめいわくにならないように工夫しているなあと思いました。私ももっとがんばろうと思いました。ありがとう。（以下略）

みんなありがとう作文

名前

自分の周《まわ》りの人に感謝《かんしゃ》の心で「ありがとう」！
どんな「ありがとう」がありますか。
教《おし》えてください。

作文のコツ

①一文目は、書いてあります。この文に続《つづ》けて、「ありがとう」の心を伝《つた》えてください。
・いつのこと　・だれに　・どんなこと
・どんなことを思ったり考えたりしましたか
②クラスの友達《ともだち》だけでなく、学年をこえて「ありがとう」の心を伝《つた》えてください。

／枚目《まいめ》

今日の「みんなありがとう」を書きます。

⑤街中のものからじっくり発見作文

おすすめ／三学期

3・4年生 20分

指導のポイント

① 街中には、日頃何気なく見ているものがたくさんあります。そんなものをこだわりの目をもって、じっくりと見る機会をつくり、発見したことを書いて報告する作文のネタです。

② 子ども達に、いくつかの写真を見せながら、次のように投げかけます。

「この写真を見てください。何か分かりますか。そうです、ポストです。学校の近くにあるポストです。（二枚目を見せる前に）このポストの横には、どんなことが書いてあるか知っていますか。」

もちろん、意外に見ているようで見ていません。

③ ここで【作文例】を読みます。

「ある女の子が、このポストにこだわって調べたことを作文に書きました。」

この【作文例】を手本にさせ、作文ワークに取り組ませます。

【作文例】

今日は「ポスト」で発見。

いつも気になっていたゆうびんのマーク〒。ずっと正面だけにあるかと思っていました。よく見ると、右にも左にも一つずつついていました。全部で三つです。

ついでに見つけたのが、かぎ穴。かぎ穴は一つでした。こんな穴でした。

かぎ穴の下には、次の収集は2ごう便と書いてありました。これはどういう意味か分かりません。先生、教えてください。

ところで、どうしてポストの色は赤色なんだろう。

外国には、赤色じゃないポストがあると聞きました。（以下略）

街中《まちなか》のものから じっくり発見《はっけん》作文

名前

街中《まちなか》にあるものをじっくり見てみよう。
《新しい発見《はっけん》》をしよう！

作文のコツ

①【作文例《れい》】は「ポスト」をじっくり見ていたね。家の近くにあるものをじっくり見てみよう。

(例)《れい》電信柱《でんしんばしら》　標識《ひょうしき》　ブロックのもよう　道路《どうろ》のタイルのもよう
看板《かんばん》　案内板《あんないばん》　家の屋根《やね》の形　公衆電話《こうしゅうでんわ》　など

②じっくり見る時には、交通安全《こうつうあんぜん》に気をつけよう。

③友達《ともだち》や家族《かぞく》といっしょに、じっくり見るのもいいよ。

／枚目《まいめ》

⑥気になったこと質問作文

おすすめ／二学期

3・4年生
20分

【作文例】

友達と家に帰っている時に、一人のおばさんが、一生けんめい畑の手入れをしているところを見ました。

何を植えているのか気になったので聞いてみました。

「今、何を植えているんですか。」

「かぶ」を植えていると教えてくれました。どんな工夫をしているのかもっと知りたくなったので、こんな質問をしました。

「植えるのに工夫していることは、ありますか。」

「根っこのところに、虫が来ないように注意している。」と教えてくれました。初めて知りました。もっと質問していいよと言われたので「肥料」について聞きました。（以下略）

指導のポイント

① 中学年になると、社会の学習で多くの人やものとの関わりが増えてきます。インタビューをする場も多くあります。そうすると、気になることがあると質問したくなる子ども達。この作文は、気になったことを質問した時の様子を書いて、みんなに伝える作文のネタです。

② ある女の子の【作文例】を読みます。
「この女の子は、どんなことが気になったのですか。」
「どんな質問をしましたか。」
「どんな答えが返ってきましたか。」
「質問は一回だけですか。」

③ 【作文例】を何度も見直させる問いかけをします。
この作文は、その日にすぐに書くということはできませんが、一週間程度で、気になったことを質問した様子を書かせます。

気になったこと質問《しつもん》作文

名前	

気になったことがあったら、
インタビュー（質問《しつもん》）をしよう！

作文のコツ

①【作文例《れい》】のように、気になったことがあったら、いろいろな人に質問《しつもん》をしてみよう。

（例《れい》）・今、何をしているのですか。・どうやって、作るのですか。

・一番、困《こま》ることは何ですか。・どれくらいやり続《つづ》けていますか。

・やっていて、楽しいことは何ですか。　など

②一週間くらいかけて、この作文を完成《かんせい》させよう！

／枚目《まいめ》

⑦臨場感のある掃除風景作文

おすすめ／二学期

3・4年生
20分

指導のポイント

① 学校で取り組んでいる掃除の様子を、臨場感いっぱいに書かせる作文のネタです。

② まずは、こんな短作文を紹介します。
「教室の掃除をした。すみのごみを取った。とっても疲れた。」

読んだ後に、掃除の様子がよく分かるかどうかを聞きます。もちろん、全員が分からないと言います。続いて【作文例】を読みます。今度は、全員が掃除の様子がよく分かると言います。

③ 【作文例】を手本に、自分が取り組んだ掃除の様子を伝えさせます。その時、作文の書き出しを【作文例】のように、「そうじ」という言葉で始まるようにさせます。これだけでも、臨場感が出てきます。

④ 書いた後に友達同士で作文を読み合い、友達の書き方のうまいところを発表し合って、作文の中に取り入れさせます。より臨場感のある掃除風景作文に変わっていきます。

【作文例】


「そうじ開始三分前です。運動場にいる人は遊びをやめてそうじのじゅんびを始めましょう。」

いつものように、そうじの始まりの放送が鳴った。私は急いで自分のそうじの場所に行くとすぐに、ほうきを手に取った。

もう一人のほうきの田中君は、もくもくとごみを取っていた。自分も負けられない。ほうきをぎゅっとにぎり、一生けんめいにごみを取った。すみっこにたまっていたごみは、いつものようにつまようじを使って、きれいにした。

まわりを見ると、だれ一人しゃべっている人はいなかった。集中しているなあと思った。（以下略）

臨場感《りんじょうかん》のある そうじ風景《ふうけい》作文

名前	

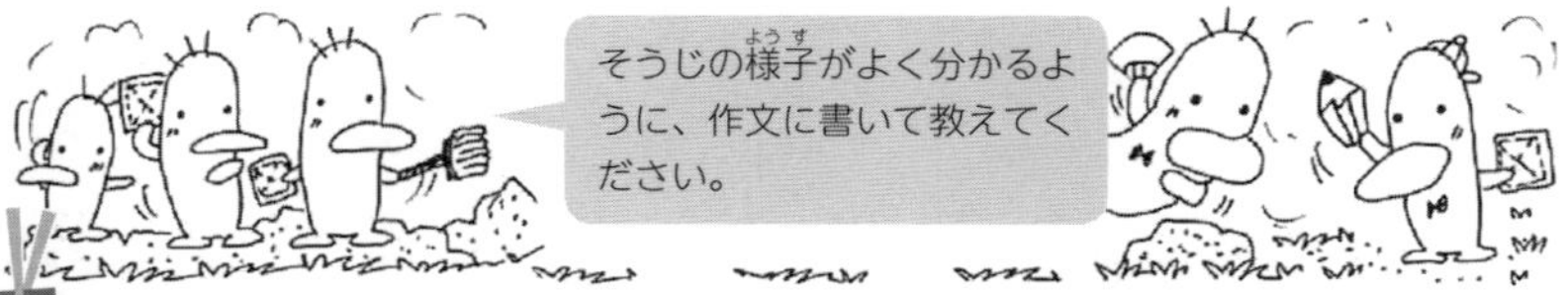

作文のコツ

①そうじの様子《ようす》がよく分かるように伝《つた》えるには、次《つぎ》のことに気をつけると臨場感《りんじょうかん》のある作文になります。
- そうじの始《はじ》まりの合図《あいず》や言葉《ことば》を入れる。
- 周《まわ》りの人の様子《ようす》を入れる。
- 自分のその時その時の気持《きも》ちを入れる。
- 常体《じょうたい》で書く（～だ、～である）。
- 一文を短《みじか》く書く。
- 接続詞《せつぞくし》をあまり使《つか》わない。　など

②そうじ以外《いがい》のことで「臨場感《りんじょうかん》」シリーズに挑戦《ちょうせん》してみてくださいね。

／枚目《まいめ》

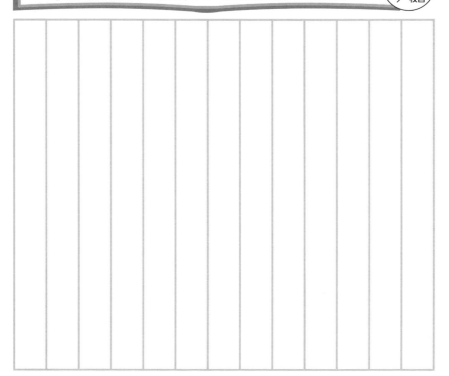

⑧心に残る先生の言葉作文

おすすめ／二学期

3・4年生 20分

指導のポイント

① 教師が日頃言っている言葉を、子ども達がどのようにとらえているかを探る作文のネタです。

② まずは、子ども達に次のように聞きます。

「先生が日頃言っている言葉で、心に残っている言葉を一つ発表してください。」

何人かの子を指名し発表させます。その時、なぜその言葉が心に残っているかも質問します。

③ ここで【作文例】を読みます。

「今から読むのは、先生が以前教えた子の作文です。この子は先生がいつも言う《書き虫になれ！》という言葉が心に残っていると言って、こんな作文を書きました。」

④ 【作文例】を真似させて、自分の心に残っている言葉を作文に書かせます。一年に何度か書かせてみると、変化が分かって面白いです。

【作文例】

先生はいつも「書き虫になれ！」と言います。

「書き虫」というのは、考えたことをすぐに書く人のことです。それに、書き方を工夫する人です。

書き虫の中でも、最高レベルは毎日書き続ける人です。学びを休まない人のことです。

先生の「書き虫になれ！」という言葉を聞くと、ぼくはとても気合いが入ります。よし、やるぞという気持ちになります。

ぼくは、この言葉を自学ノートのウラに書いています。毎日、自分に気合いを入れるためです。

先生の言葉で「やる人はかつ！」というのも好きです。（以下略）

心に残《のこ》る先生の言葉《ことば》作文

名前	

先生の言葉《ことば》で「心に残《のこ》っている」ものを教えてね。

作文のコツ

①先生が今まで言った言葉《ことば》で、心に残《のこ》っている言葉《ことば》を思い出そう。

(例《れい》) 書き虫になれ！　花心《はなごころ》・根《ね》心・草心

「はいっ」と小さな「っ」をつけよ　努力《どりょく》に終《お》わりなし

②学級通信《がっきゅうつうしん》を見たり、教室を見回したり、友達《ともだち》と話をしてみたりして思い出した言葉《ことば》を書いてもいいよ。

／枚目《まいめ》

⑨動作三十秒再現作文

おすすめ／二学期

3・4年生 20分

指導のポイント

① ある人の動作三十秒を、細かく再現する作文ネタです。

② まずは【作文例】を読みます。

「これは、先生がある動作をした時の再現作文です。ある男の子が、先生の動作をじっと見て、動作が終わった後に書き上げた作文です。」

③ 再現作文のうまさのポイントを話します。

「この再現作文を書く時に、これを入れてほしいというポイントがあります。今読んだ再現作文に、それがあります。」

【作文例】をもう一度読み、うまい書き方のポイントを話します。

・音を入れる。 ・自分の気持ちを書く。 ・周りの人の様子を書く。 ・周りのものの様子を書き入れる。 など

④ 一度、【作文例】と同じような動作をして見せます。その後、何度か再現作文に挑戦させると、書き方に慣れてきます。

【作文例】

バタン！ 何の音だ。先生が思いっきりドアを開けて入ってきた。ぼく達をじっと見ている。どうしたんだろう。

みんなは笑っている。

先生は急に、手を上にあげてあくびをするようなマネをした。

(ねむたいのかな。それとも背のびをしているのかな。)

みんなもじっと先生の様子を見ている。これから何が起きるのか、不安そうな目で見ていた。ぼくもとっても不安だった。

教室は、とっても静まりかえっていた。不気味だ。

すると、先生が今度はすたすたと歩き始めた。(以下略)

動作《どうさ》三十秒再現《びょうさいげん》作文

名前

今から、先生がある動作《どうさ》をします。
三十秒《びょう》ぐらいの動作《どうさ》です。
その様子《ようす》を、
再現《さいげん》作文にしてくださいね。

作文のコツ

◎再現《さいげん》作文の上手な書き方のポイントです。
- 音を入れる。
- 様子《ようす》を表《あらわ》す言葉を入れる。
- 文章を短《みじか》く書く。
- 常体《じょうたい》で書く。
- 自分《じぶん》の気持ちを入れる。
- 周《まわ》りの人の様子《ようす》を入れる。
- 周《まわ》りの人の気持《きも》ちを想像《そうぞう》して入れる。
- 先生の気持《きも》ちを想像《そうぞう》して入れる。
- 周《まわ》りのものの様子《ようす》を入れる。
- 周《まわ》りの自然《しぜん》の様子《ようす》を入れる。

／枚目《まいめ》

⑩映像から素敵な言葉学び作文

おすすめ／二学期

3・4年生 20分

指導のポイント

① 映像を見ると、その話の中のたくさんの素敵な言葉に出会います。出会った言葉を作文にして、他の人にもおすそ分けをしようというネタです。

② まずは、『世界偉人物語』のようなアニメを見せます。ただ、見せる前に次のように言っておきます。

「今から見せる映像の中に、心に残る素敵な言葉がたくさん出てくると思います。しっかりと見て、覚えておいてくださいね。」

③ 映像を見た後、どんな言葉が心に残ったかを発表させます。

④ 何人かの発表後、【作文例】を読みます。

「今から読む作文は、ある女の子がけろけろけろっぴのビデオを見た後に書いたものです。みんなには、この作文を手本にして、『世界偉人物語』の作文を書いてもらいます。」

⑤ 映像を見せるたびに作文を書かせると、段々うまくなります。

【作文例】

けろけろけろっぴの「クリスマス・イブのおくりもの」というビデオを見ました。

いろいろなすてきな言葉に出会いました。

一つ目は「心の光」です。心の光は、相手を思いやることで光ります。ビデオでは「きみならできるよ」というやさしい言葉をかけると、心の光が光っていました。

私も友達に、やさしい言葉をかけて自分の心の光を光らせたいなあと思います。

その他にも「ありがとう」や「明日こそは」というすてきな言葉で光りました。

二つ目は「おくりもの」です。

（以下略）

えいぞうから
すてきな言葉《ことば》学び作文

名前	

えいぞうを見て、すてきな言葉《ことば》だなあーと思ったものを教えてください。

作文のコツ

①作文例《れい》を手本に、次《つぎ》のように書くといいです。
- 「何のえいぞうを見たか」を初《はじ》めに書く。
- どの言葉《ことば》が心に残《のこ》ったかを書く。
- その言葉《ことば》は、どんな場面《ばめん》に登場《とうじょう》したかを書く。
- その言葉《ことば》を、自分はどのように生かしていくかを書く。　など

②友達《ともだち》の心に残《のこ》った言葉《ことば》を聞いて、作文の中に入れてもいいです。

／枚目《まいめ》

①教科書文前もって分析作文

おすすめ／一学期

3・4年生
20分

指導のポイント

① 教科書の文章を授業前に、予習としてしっかり読んで分析し、作文の形に書いて残すことを【前もって分析】と呼びます。前もって分析を書くこと自体が、作文のネタになります。

② 子ども達に【前もって分析】という言葉を知らせます。「前もって、自分で教科書文の分析をすることを【前もって分析】と言います。学校で習ったことを復習するのとはちがって、習う前に自分で言葉や文章などにこだわるので、レベルが高いです。」

③ 教科書文から「一文」を決めて、前もって分析の練習をします。いきなり書くことはできないので【作文例】を黒板に提示して、いっしょに読みます。書き方を意識させるためです。

④ 初めは当然、書き方がうまくない子が多いです。書き続けることで慣れて、段々とうまくなっていきます。この前もって分析は、一年間ずっと続けることができる作文のネタになります。

【作文例】

「しかし、春休みの失敗は、これまでとはちがいすぎた。」という一文を前もって分析します。

この一文に、主役の兄の心が見えます。まずは「ちがいすぎた」の「すぎた」です。ただの「ちがう」ではないです。すぎたという言葉がくっつくと、ちがいが強くなります。ちがいがリフレインされています。ちがうちがうちがう……と心の中で、何度もくり返しているイメージです。

兄のかくし心は「ショック」です。この「ショック」が春休みの失敗を目立たせていると思います。春休みの失敗をショックが大きく包み込んでいると思います。（以下略）

教科書文前もって分析《ぶんせき》作文

名前	

【作文例《れい》】のように、教科書から文を取《と》り出して、前もって分析《ぶんせき》に挑戦《ちょうせん》してみよう！

作文のコツ

①教科書から「文」をえらぼう！
②前もって分析《ぶんせき》に挑戦《ちょうせん》しよう！
・その文に、どんな話の意味《いみ》がかくされているかな。
・辞典《じてん》を使って、言葉《ことば》の意味《いみ》を調《しら》べてみるといいよ。
・言葉《ことば》のわざを見つけたら書いておこう。
（例《れい》）リフレイン　たとえ言葉《ことば》（ひゆ）　リズム
かくし言葉《ことば》　くらべっこ（対比《たいひ》）　色調《しきちょう》　など

／枚目《まいめ》

②マーク分析作文

おすすめ／一学期

3・4年生 20分

【作文例】

まずは、形を見ます。やりのようにとがっているところがあります。これは、波のように見えます。横の線は、波が次々とやって来る様子を表していると思います。

先生から、このマークはあるデパートのものだと聞きました。このデパートは、波のようにたくさんのお客さんに来てほしいという意味をこめていると思います。

ほかには、ヨットがすーっと海をいきおいよく進んでいるようにも見えます。横線は、ヨットが通った後に起きた波を表していると思います。ヨットのように風を受けてつき進む店になってほしいという願いがあると思います。

（以下略）

指導のポイント

① 身の回りには、いろいろな「マーク」があふれています。日頃よく目にしている「マーク」には、いろいろな意味が隠されています。「マーク」にどんな意味があるのか、いろいろな視点から探らせる作文のネタです。

② 初めは、同じ「マーク」で全員に作文を書かせます。同じマークを同じ視点で見ても、ちがう考えに出会い、作文を書くうえで参考になります。友達は、こう考えていたということを作文の中に書き入れることができます。

③ 作文指導の最後に、取り上げた「マーク」に隠された意味を伝えます。作文の終わりに「先生からこのマークの意味を聞きました。次のような意味があるそうです。」という文をつけ加えさせます。

④ 身の回りにはいくらでもマークがあるのでネタは豊富です。自分でマークを選択し、いろいろなマークの分析作文に挑戦できます。

マーク分析《ぶんせき》作文

名前	

あるデパートのマークだよ。
このマークには、どんな意味《いみ》が
かくされているかな。
マーク分析《ぶんせき》をしてみよう！

作文のコツ

①マークを分析《ぶんせき》する時には、次のことに目をつけて作文を書くといいよ。

・形（もよう）　・色　・大きさ　　など

②まずは、何に見えるかを考えてみてね。

・いろいろと視点《してん》をかえてみると、見えるものがかわるよ。

③何枚《なんまい》書けるか挑戦《ちょうせん》してみてね！

／枚目《まいめ》

③なぞなぞの答えを探る作文

おすすめ／一学期

3・4年生 20分

指導のポイント

① 子ども達が大好きな「なぞなぞ」。その答えを探っていく過程を作文にするネタです。

② 初めに、なぞなぞ問題を一問ほど子ども達に出します。答えをすぐに言うのではなく。答えを導き出す過程を声に出しながら作文にして、板書します。これが、作文の手本となります。

③ なぞなぞの問題は四問です。四問の中から、これなら解けそうだという問題を探し、答えを探っていきます。教師の手本作文をもとに、なぞなぞの答えを探る様子を作文にさせます。

④ なかなか答えが見つからない時には、友達や親やきょうだいと相談させてもいいです。その時には「相談したこと」も作文に書かせます。

⑤ なぞなぞの問題はいくらでもあるので、作文のネタには困りません。

※左ページのなぞなぞの答え　①「城」＝白色　②シャベル　③星座　④やかん

【作文例】

二番のなぞなぞから考えます。

ヒントになる言葉は、話すことがとても好きというのと道具です。これは、すぐに分かりました。「シャベル」だと思います。話すことは、しゃべるともいいます。この言葉がうかんだ時、すぐに花をうえる時に使った道具もうかびました。スコップのような道具です。

次は四番を考えました。これは、なかなかうかばなかったので、友達といっしょに考えました。ヒントになる言葉は、夜と台所用品です。

台所にあるものを出し合いました。フライパン・なべ・まな板・ほう丁……と出すうちに分かりました。「やかん」です。（以下略）

なぞなぞの答えを探《さぐ》る作文

名前	

なぞなぞ

①王女様《さま》の好《す》きな色は何色かな？
②話すことがとても好《す》きな道具《どうぐ》は何？
③座《すわ》っているのに空にあるものは何？
④夜に使《つか》う台所用品《だいどころようひん》って何？

作文のコツ

①なぞなぞは、言葉《ことば》の遊《あそ》びだよ。なぞなぞの言葉《ことば》に、答えにつながるヒントがあるよ。それを探《さが》してみてね。
②全部《ぜんぶ》で、四問《もん》あります。分かるものから解《と》いていってね。
③友達《ともだち》と相談《そうだん》して、なぞなぞの答えを探《さが》してもいいよ。その時は、作文に「友達《ともだち》と相談《そうだん》しました。」と初《はじ》めに書いてね。

／ 枚目《まいめ》

④宣伝の言葉分析作文

おすすめ／三学期

3・4年生
20分

指導のポイント

① 身の回りには、たくさんの「宣伝の言葉（キャッチコピー）」があります。その宣伝の言葉に、どんな意味が隠されていて、どんな言葉の工夫がされているかなどを分析する作文のネタです。

② 初めに、「太陽の（　）家」と書いた紙を黒板に貼ります。
「これは、家を売る場所で見つけた宣伝の言葉です。（　）の中に、どんな言葉が入ると思いますか。友達と相談してください。」

③ 「太陽の輝く家」「太陽のよく当たる家」など、たくさんの考えが出てきます。何人か発表させた後、答えを発表します。
「実は、太陽の住む家です。太陽が住むなんておかしいですよね。この言葉にどんな意味が隠されていると思いますか。」

④ 何人か指名し発表させた後、【作文例】を読んで聞かせます。この【作文例】を手本にして、今度は「緑を着る家」という宣伝の言葉の分析作文を書かせます。

【作文例】

先生から住宅の宣伝言葉を教えてもらいました。

「太陽の住む家」です。

太陽が家に住むなんておかしいです。家がとけてしまいます。熱すぎます。

これはたとえ言葉だと思います。太陽が家に住んでいるくらい温かくて明るい家ということだと思います。

きっと窓が多くて、太陽の光がたくさん入る家なんだと思います。

太陽のところをいろいろな言葉に変えると面白そうです。

「緑の住む家」「自然の住む家」「トイレの神様の住む家」などいろいろと考えられます。（以下略）

宣伝《せんでん》の言葉分析《ことばぶんせき》作文

名前	

「太陽《たいよう》の住《す》む家」と同じように、住宅《じゅうたく》の宣伝言葉《せんでんことば》だよ。この言葉《ことば》で、みんなに何をうったえたいのかな。

緑《みどり》を着《き》る家

作文のコツ

①言葉《ことば》一つ一つにこだわろう。
- 「緑《みどり》」から、どんなことがうかぶかな。
- 「緑《みどり》を着《き》る」とは、どういう意味《いみ》だろう。
- 家が緑《みどり》を着《き》ているとは、どんなイメージの家がうかぶかな。絵にかいてもいいよ。
- 逆《ぎゃく》に、緑《みどり》を着《き》ていない家って、どんな家だろう。

②友達《ともだち》や家族《かぞく》の考えを聞いて、作文に入れてみよう。

／枚目《まいめ》

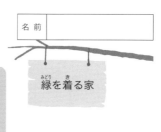

⑤テレビ番組ユニークな名前分析作文

おすすめ／一学期

3・4年生
20分

指導のポイント

① 新聞でテレビ番組欄を見てみると、面白い名前の番組名に出会います。どうしてそんな名前にしたのか、考えてしまいます。そんな番組名を取り上げて、名前の分析に挑戦する作文のネタです。

② まずは、ある日の「テレビ番組欄」を印刷して配ります。「この中から、面白いなあと思う番組の名前に赤線を引いてください。時間は五分です。」

五分後、友達と赤線を引いたところを見せ合います。友達のものを見て、面白いなあと思ったら、さらに赤線を引かせます。

③ そこで【作文例】を読みます。

「ある男の子が面白い番組名を見つけて、こんな作文を書きました。みんなにも真似して書いてもらいます。よく聞いてね。」

④ 番組名は、一年間でいろいろと変わります。時期を考えて、何度か挑戦させることができる作文のネタです。

【作文例】

テレビ番組のユニークだなあと思う名前を分析します。

まずは「ニュースの森」です。ニュースはふつうです。「森」がくっついているのがユニークです。森と聞くと、木がいっぱいあるのがうかびます。

ニュースの森というのは、ニュースが木のようにいっぱいありますよというのを言いたいのかなと考えました。

次に見つけたのが「やる気満々」という名前です。名前を聞くだけで、この番組に力があふれているイメージがうかびました。

「やる気いっぱい」よりも「満々」の方がはく力もあります。（以下略）

テレビ番組ユニークな名前分析《ぶんせき》作文

名前	

新聞のテレビ番組欄《らん》を見て、ユニークだなあと思う番組名を探《さが》そう！

作文のコツ

①ユニークだなあと思う「番組名」を探《さが》そう。

②どうして、ユニークだと思ったかを書こう。

③友達《ともだち》や家族《かぞく》にも聞いて、ユニークだと思ったものも書こう。

④おまけで、自分が作った「番組名」を書いてみよう。

／枚目《まいめ》

⑥ことわざ分析作文

おすすめ／三学期

3・4年生 20分

指導のポイント

① ことわざの意味を自分なりに分析させ、作文にまとめさせるネタです。

② 日頃から「ことわざカルタ」をしたり、ことわざを授業の中に盛り込んだりしていると、この作文に取り組ませやすいです。

③ まずは、【作文例】にもある「しりが重い」を黒板に書きます。「これは、ことわざです。どういう意味か分かりますか。」まずは予想させます。その後、辞典で意味を調べさせます。

④ 意味調べで終わらず、さらに分析を続けさせます。「このことわざを分析してください。どんな様子が隠されていると思いますか。友達と相談してください。」

⑤ 何人かの考えを発表させた後、【作文例】を読みます。図を描いて説明していいことや辞典を引き直してもいいことなどを言った後、【作文例】を真似させ、ことわざ分析作文に挑戦させます。

【作文例】

「しりが重い」

まずは、意味を書いてみよう。

「めんどうくさがって、さっさと立ち上がらない様子。また、なかなか物事にとりかからない様子」

めんどうくさがるということは、心がだれているということだ。ハート図にすると、がんばる心が少ない。

意味のところにも書いたように、比べっこ言葉として「さっさ」がある。この言葉にははやいスピードがかくされている。めんどうくさいは、ゆっくりスピードだ。ことわざ「しりが重い」というのは、スピードがとってもおそいことが分かる。

（以下略）

ことわざ分析《ぶんせき》作文

名前	

右のことわざを探《さぐ》ってみよう！

作文のコツ

①ことわざを探《さぐ》る（分析《ぶんせき》する）コツだよ。

・意味《いみ》を調《しら》べて書こう。　・周《まわ》りの人の考えも聞いて書こう。

・意味《いみ》からイメージしたことを書こう。

・イメージした図や絵をかこう。　など

②ことわざには、たとえ言葉《ことば》（比喩《ひゆ》）やくらべっこ（対比《たいひ》）が多い。どの言《こと》葉《ば》がたとえ言葉《ことば》か、何と何をくらべっこしているか考えよう。

／枚目《まいめ》

⑦街の中の小さな心づかい探し作文

おすすめ／二学期

3・4年生 20分

指導のポイント

① 街の中にちょっと目を向けると、たくさんの小さな心づかいに出会います。そんな小さな心づかいを探して作文にするネタです。

② 一枚の写真を見せます。街中でよく見かける「道路わきの花」の写真です。まずは、花だけを見せます。

「この花は、どこに咲いているか分かりますか。」

何人か指名し発表させます。学校の近くの道路わきに咲いている花だと伝えます。同時に「小さな心づかいの花」と書いた紙を貼ります。

③ この花は、近くの方が、通る人が気持ちよく歩けるようにと植えた「小さな心づかい」だと話します。

④ 【作文例】を読んで、みんなもこの女の子のように、小さな心づかいを探し、作文に書いて紹介してくださいと告げます。

⑤ 小さな心づかいは至るところにあるので、作文のネタは豊富です。

【作文例】

先生、そろばんに行く時に、たくさんの「小さな心づかい」を見つけました。

一つ目は、バス停で見つけました。バス停のイスに、おしりがいたくならないように、小さなざぶとんのようなものが置かれていました。

前に見た時はなかったので、誰かの心づかいだと思います。

二つ目は、道のそばに植えてあった花です。きれいな花が、道のそばに少しずつ植えてありました。見るだけで気持ちがいいです。前に通った時には花はなかったので、これも誰かの心づかいだと思います。

三つ目は、そろばん教室の中で見つけました。（以下略）

街《まち》の中の小さな心づかい探《さが》し作文

名前

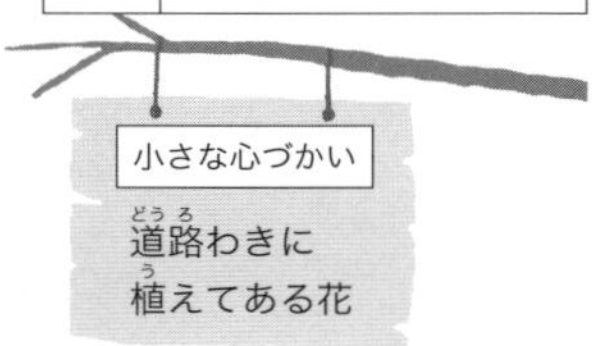

街《まち》の中には、小さな心づかいがいっぱい！　探《さが》してみよう！

作文のコツ

①街《まち》の中にある「小さな心づかい」に気がつくかな。

（例《れい》）道路《どうろ》わきに植《う》えてある花
高速道路《こうそくどうろ》のトイレの花
道路《どうろ》の草ぬき　道路《どうろ》のそうじ　朝の見守《みまも》り隊《たい》
など

②家族《かぞく》や友達《ともだち》に、教えてもらってもいいよ。

／　枚目《まいめ》

⑧身の回りのポスター分析作文

おすすめ／二学期

3・4年生 20分

指導のポイント

① 身の回りには、たくさんのポスターが掲示されています。そのポスターにどんな意味が隠されているのかを分析して、紹介する作文のネタです。

② まずは、学校に貼ってあるポスターを子ども達に見せます。ポスターに描かれている絵や言葉に目を向けさせます。

「このポスターで、みんなに何を伝えたいのでしょう。」

ポスターを見て思ったことや感じたこと、考えたことなどを発表させます。

③ 続いて二つ目のポスター「握手をしている絵」を見せます。一つ目と同じような流れで、子ども達に考えさせます。その後【作文例】を読み、手本にさせます。

「みんな、よく考えましたね。【作文例】のように自分の考えを作文の形で書いてみましょう。」

【作文例】

「あく手」をしているポスターを見つけました。このポスターで、みんなに何を伝えたいのかを分析します。

まずは、あく手の絵を見ます。かたくにぎり合っている様子が分かります。手に力が入っています。

この絵から「よろしく・かたい友情・仲なおり・おめでとう」などの言葉がうかんできました。

手の大きさにも目を向けてみました。左の手が少し小さいです。子どもの手と考えました。

もしかしたら、右が先生の手、左が生徒の手と思いました。何かをがんばった時に、先生があく手で、生徒をほめたと思います。（以下略）

身《み》の回りのポスター分析《ぶんせき》作文

名前

右の「あく手」のポスターを見て、思ったことや考えたことを書こう！

作文のコツ

①このポスターで、みんなに何を伝えたいのかな。
- 絵にかくされている意味《いみ》を考えよう。
- 絵を見て、どんな言葉《ことば》が頭にうかんだかな。
- 絵の細《こま》かな部分をしっかりと見て、考えよう。
  （例《れい》）色、形、大きさ、太さ、数などに目を向《む》けよう。

②家族《かぞく》や友達《ともだち》に聞いてもいいよ。聞いたことも書こう。

／枚目《まいめ》

⑨言葉のちがいを分析する作文

おすすめ／一学期

【作文例】

①のイメージする絵を下のようにかきました。

「ころ」の後ろに「、」があると、絵のように何かひっかかるものがあるようです。気持ちよくころがることができない感じがします。

ころがっているものは、小さな丸っこい石だと思います。大きさは、自分のこぶしくらいだと考えました。もう少し大きいと「ごろ」という言葉にかわる感じがします。

「ころ、ころ、」と続けて「、」があるので、石が止まりそうになるところが、続けて二つあったのだと思います。

次に、②を考えます。（以下略）

指導のポイント

3・4年生　20分

① 「ころ、ころ、ころ」「ころころ、ころ」と点が一か所あるかないかで言葉から受けるイメージが全く変わってきます。ちょっとしたちがいですが、言葉にこだわりちがいを探る作文のネタです。

② 「ころ、ころ、ころ」「ころころ、ころ」という二つの言葉を書いた紙を黒板に貼ります。「どんなものがころがっていると思う？」「どんな場所でころがっていると思う？」こんな質問をして、子ども達が二つの言葉から受けるイメージを聞きます。同時に、イメージ図も簡単に描きます。それを手本に、自分の考えを作文にさせるのです。

③ 発展として「ころ、ころころ」「ころっ、ころっころっ」「ころころころ」「ごろ、ごろごろ」などの言葉も提示します。作文の枚数が、どんどん増えていきます。

④ 自分の考えだけでなく、親やきょうだいなどの考えも聞いて、作文に入れていいことにしています。

言葉《ことば》のちがいを分析《ぶんせき》する作文

名前	

①ころ、ころ、ころ
②ころころ、ころ

右の①と②の言葉《ことば》のちがいを探《さぐ》ってみよう！
一つ「点《てん》」があるかないかで、どんなちがいが生まれるかな。

作文のコツ

①作文の中に、二つの言葉《ことば》から「イメージする絵」をかいて、説明《せつめい》してみよう。

②次のことを考えて、言葉《ことば》を探《さぐ》ってみてね。

・どんなものがころがっているかな。　・どこでころがっているかな。

・だれがころがしたのかな。　・どんな風にころがしたのかな。

・いくつ、ころがしているのかな。　など

／枚目《まいめ》

①のイメージ絵

②のイメージ絵

⑩社会のたとえ言葉探り作文

おすすめ／二学期

3・4年生 20分

指導のポイント

① 社会の学習で登場する「たとえ言葉」（比喩）に目を向けさせた作文のネタです。

② まずは、黒板に「畑の肉」という言葉を書きます。
「この言葉は畑にできる、あるもののたとえ言葉です。本物はこの袋の中に入っています。」

実は「大豆」のこと。大豆の入った袋を振って音を聞かせます。中には知っている子もいますが、少し考えさせます。

③ 何人か指名して発表させた後、大豆を見せます。そして、なぜ「畑の肉」というたとえ言葉を使っているかという話をします。

④ 続いて「富士山を登るいちご」というたとえ言葉の意味を考えさせます。友達と相談させた後に発表させます。発表後【作文例】を読みます。真似をさせて、「海のミルク」「大地のりんご」などのたとえ言葉を探らせます。「牡蠣」と「じゃがいも」のことです。

【作文例】

「富士山を登るいちご」これが今日の社会の問題です。このたとえ言葉を探ります。

いちごが、どうして富士山を登るのか友達と考えました。

すぐに、富士山がある県を調べました。山梨県と静岡県の間です。

二つの県の名産を調べると、山梨県にいちごがありました。でも、富士山を登るとは書いていませんでした。

友達と予想してみました。

山を登るというのは、いちごができる場所が、どんどん上に上がっていくことじゃないかと考えました。それが、山を登っているというたとえ言葉になったと思います。（以下略）

社会のたとえ言葉《ことば》探《さぐ》り作文

名前

社会のたとえ言葉《ことば》

海のミルク
大地のりんご

右の二つのたとえ言葉《ことば》は、
何のことだろう。

作文のコツ

①たとえ言葉《ことば》を聞いて、うかぶことを書こう。

・海のミルクみたい⇒ミルクといえば、どんなもの？

・大地のりんごみたい⇒大地って何？

②それは、何都道府県《なにとどうふけん》で多いのかな。

③家族《かぞく》や友達《ともだち》の考えも聞いて書こう。

枚目《まいめ》

①笑顔を生み出すダジャレ作文

おすすめ／一学期

3・4年生
20分

指導のポイント

① 自分が思いついた、または家族みんなで考えたダジャレを書いてみんなに発表する作文のネタです。

② まずは、教師が知っているダジャレを発表します。
「今から、先生がよく知っているダジャレを見せます。」
そう言って、ダジャレを書いた紙を黒板に貼ります。例えば、「布団が、ふっとんだー」「屋根がこわれたって！　やーねー！」などのよく知られたダジャレです。

③ 続いて、子ども達が知っているダジャレを何人かに発表させます。その後【作文例】を読みます。
「ダジャレって人を楽しませてくれますよね。そんなダジャレを【作文例】のように書いて、みんなを楽しませてください。」

④ 簡単に浮かばない子には、ダジャレの本を写したり、人に教えてもらったりしたものを書いてもいいことを告げます。

【作文例】

今日もダジャレ作文に挑戦です。みんながいくつ笑ってくれるか、楽しみです。では、書きます！
①あのイカ、いかってる。
②ウシがあばれて、モー大変だ！
③この海草、海にかいそう！
④このイス、とってもいーす！
⑤このサイはとってもこわいよ。さい悪だー。
五つの中で、面白いダジャレはありましたか。家では、お母さんや妹に聞いてもらって、うまいかどうか感想を聞きました。②が受けました。ここからは、家族で考えました。
⑥ゲタがぬげた！
⑦これ、アシカの足かー。
⑧忍者は何人じゃー？（以下略）

笑顔《えがお》を生み出す ダジャレ作文

名前

右のようなダジャレを考えて、みんなを笑顔《えがお》にしよう！

①やねがこわれたって！
やーねー！
②ふとんが、ふっとんだ！

作文のコツ

①ダジャレを思いついたり、聞いたりしたら作文にしてみよう！

・ダジャレの本　・テレビで聞いた　・人から聞いた　など

②ダジャレを人に話してみよう。その時の様子《ようす》も作文に書いて教えてね。

枚目《まいめ》

②絵の描き方を説明する作文

おすすめ／二学期

3・4年生　20分

【作文例】

まず、山のような三角をかいてください。その三角の下に、長四角をくっつけてください。おでんのようになりましたか。

今度は、長四角の中に二つの目をかきます。目をかく場所は、半分より上です。目の大きさは、長四角の半分くらいです。くりくりした目になりましたか。目の中に黒目をかいてください。右上の方を見ているように、黒目をかいてください。

最後に、口をかきます。口の形は長四角です。横に長い長四角です。

大きさは、目より小さいです。口をかく場所は、目と目の間です。三角のぼうしをかぶった、ロボットのような絵ができ上がりましたか。

指導のポイント

① 絵をそのまま見せて「そっくりに描いてください」と言うのは簡単です。絵を見せずに言葉だけで絵を描かせることに挑戦する作文のネタです。

② 作文を書かせる前に一度、次のような練習をします。

「今からみなさんに、ある絵を伝えます。ノートに頭に浮かんだ絵を描いてください。一つルールがあります。先生が絵を伝える時に質問をしてはいけません。」

「まず、丸を一つ描いてください。次にその丸の中に、二つの丸を描いてください。」

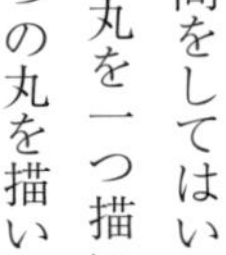

こんな風に伝えていき、最後に全員の描いた絵を見せ合います。うまく伝わらなかったのはなぜかを出し合います。伝える時に気をつけるポイントも確認します。

③ この作文は絵さえあれば、ネタは豊富です。

絵のかき方を説明《せつめい》する作文

名前

右の絵のかき方《かた》を
みんなに伝《つた》えよう。

作文のコツ

①右上の絵を、言葉《ことば》だけで友達《ともだち》に伝《つた》えよう。どんな風に伝《つた》えれば、そっくりな絵をかかせることができるかな。

②こんなことに気をつけて伝《つた》えるといいよ。まずは、どこをかかせるかな。その形は。その大きさは。その位置《いち》は。その数は。その色は。

／枚目《まいめ》

③今日は何の日作文

おすすめ／二学期

3・4年生
20分

指導のポイント

①　「三月三日は耳の日」というように、「○○の日」と決まっている日があります。何月何日が何の日で、それはどうして決まったのかなどを考えたり調べたりして作文にするネタです。

②　まずは「三月三日は何の日かな」というカードを黒板に貼ります。知っている子がいたら指名します。

「三月三日は耳の日です。どうして耳の日に決まったか考えてみてください。周りの人と相談してもいいです。」

これは簡単です。3という数字が「耳」に似ているからというのをほとんどの子が考えます。

③　続いて「十月八日は何の日か」を問題に出します。これは意外に分かりません。相談させた後に【作文例】を読みます。【作文例】をもとに、自分達で「今日は何の日」調べをさせ、作文に書かせます。

④　「先生、今日は何の日ですよ」と言う子が増えてきます。

【作文例】

先生が朝の話で「十月八日、今日は何の日だと思いますか？」という問題を出しました。

私は全く分かりませんでした。クラスのみんなの中にも分かる人は、一人もいませんでした。

「十月八日は木の日です。」

十と八をくっつけると「木」という漢字になるからだそうです。

なるほど！　と思いました。面白いです。

そこで、自分も調べてみました。するといろいろ見つかりました。

例えば、十一月十一日は電池の日です。十一をプラスとマイナスと見るそうです。まだ、他にもあります。（以下略）

今日は何の日作文

名前	

一年間には、
いろいろな日があるよ。
調《しら》べて教えてね。

3月3日は耳の日。
「3」が耳に似《に》ているから。
「3」を「み」と読むと、
「3月3日」で「みみ」に
なるから。

作文のコツ

①三月三日「耳の日」、十月八日「木の日」のように、一年間には、いろいろな日があるよ。いろいろな日を見つけよう！

・例《たと》えば、六月四日は何の日かな。七月十日は何の日かな。

②本やインターネットで調《しら》べたり、人に聞いたりしていいよ。その時は、調《しら》べ方も作文の中に書いてね。

／枚目《まいめ》

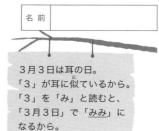

④さあ！君は先生だ作文

おすすめ／一学期

3・4年生 20分

指導のポイント

① 先生になったつもりで、子ども達にある注意をするとしたら、どんな風に言うかを考えさせ、それを作文にするネタです。

② まずは、こんな問題を出します。
「今、みんなは先生です。教室にいくつかのごみが落ちています。みんなが先生なら、どんな風に言って、落ちているごみのことを子ども達に伝えますか。」

何人かを指名し、発表させます。この時、教師になったつもりで話し方にも気をつけさせます。

③ 問題を続けます。【作文例】の「本箱の本がばらばらになっている時、どんな風に言いますか」です。まずは、②で発表していない児童を指名し、考えを発表させます。その後【作文例】を読みます。

④ 【作文例】の真似をさせ、自分ならどのように言うかを作文に書かせます。

【作文例】

今日の問題は「本箱の本がばらばらになっている時、どんな風に言いますか」です。相手は一・二年生だそうです。

うかぶだけ書いてみます。
①本がみんなをよんでいるよ。
②本がばらばらですねえ。だれか直してくれる人はいませんか。
③だれか本の泣き声が聞こえる人はいませんか。
④本たちがけんかしているよ。だれか仲良くさせてきてね。
⑤みんなの本たちが苦しがっているよ。助けてあげて。
⑥もう本を読むことができなくなるなあ。こんな使い方ではだめですよ。
（以下略）

さあ！君《きみ》は先生だ作文

名前	

右のように、本箱《ほんばこ》の本がばらばらになっているよ。みんなが先生だったら、何と言うかな。相手《あいて》は、一・二年生だよ。

作文のコツ

①みんなの発表《はっぴょう》を聞いて、いいものは取《と》り入れよう！

②思いつかない時は、作文例《れい》の中からまねっこしてみよう！

③作文例《れい》のように、たくさん考えて書いてみよう！

／枚目《まいめ》

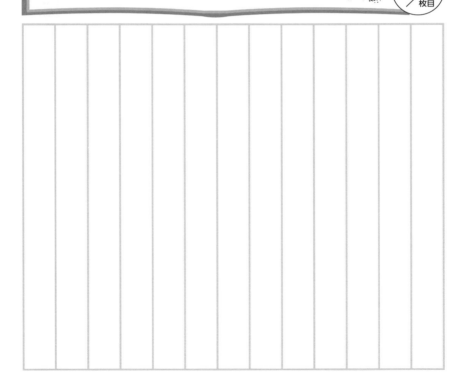

⑤作り方の説明に挑戦作文

おすすめ／一学期

3・4年生
20分

指導のポイント

① もの作りをする時に大切なのは、その作り方の説明です。分かりやすくないと、作るのに時間がかかったり失敗したりします。図入りの説明で、分かりやすく作文の形にして伝えるネタです。

② まずは、子ども達に「簡単なお面」を作って見せます。
「今、先生が作ったこのお面の作り方の説明ができますか。」
「一番目に何をしますか。その時に気をつけることは何ですか。」

③ こんな質問を加えた後、いっしょに簡単なお面を作ります。
「お面の作り方」作文を書かせます。
もちろん、いきなりすぐには書けないので【作文例】を提示します。【作文例】の「お面の作り方」作文を真似させます。

④ 次は「折り紙を使ったもの作りの説明」をさせます。例えば、折り紙で「風船」をどうやって作ればいいか【説明作文】に挑戦させます。もの作りなので、作文ネタはいくらでもあります。

【作文例】

動物のお面作りについて説明します。

まずは、用意するものです。四つ切りの画用紙一枚・絵の具・クレヨン・ホッチキス・セロハンテープ・はさみです。

次に、作り方を説明します。

①画用紙に大きめの丸をかいて、切ってください。

そして、下の図のように、切りこみを入れてください。

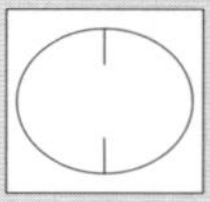

②切りこみのところを少しずらしてふくらみを出します。

ずらしたところをホッチキスでとめます。少しふくらみましたか。（以下略）

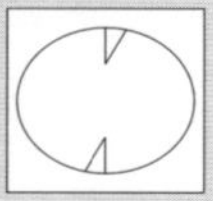

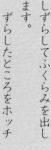

作り方説明《せつめい》作文
～折《お》り紙編《へん》～

名前	

折《お》り紙で「ふうせん」を作って、作り方を説《せつ》明《めい》しましょう！

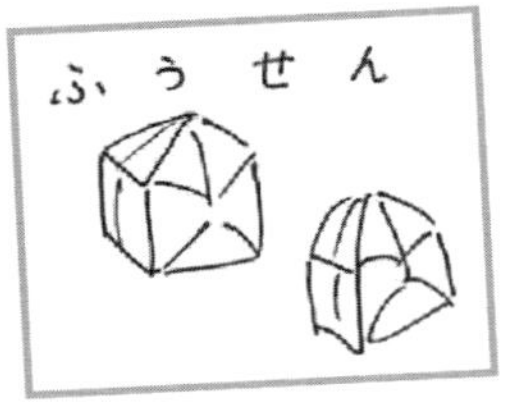

作文のコツ

①「お面《めん》の作り方」の書き方をお手本にしましょう！

- 用意《ようい》するものを書きます。
- 作り方の順番《じゅんばん》を書きます。
- 絵を入れて、分かりやすく説明《せつめい》します。
- 作る時の注意《ちゅうい》を書きます。

②いろいろな「ものの作り方」を説明《せつめい》する作文に挑戦《ちょうせん》しましょう！

／枚目《まいめ》

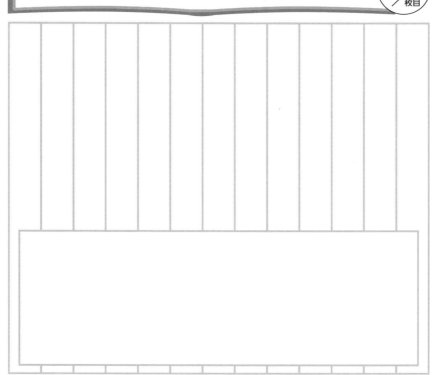

⑥わらじ作りのような体験に挑戦作文

おすすめ／二学期

3・4年生 20分

指導のポイント

① 子ども達は、学校やいろいろな場で《体験活動》を経験することがあります。ある時は、焼き物作り。ある時は、手話体験。こういう体験したことを作文にして、クラスのみんなに紹介するネタです。

② まずは、全員共通の体験の場を設定します。ここでは、わらじ作りをさせたとします。本物のわらは用意できないので、ビニールひもでわらじを作らせます。

③ わらじを作った子ども達の体験後の声を聞きます。どんなところが大変だったか、作ってみてどんな感想をもったかなどを聞きます。

④ 何人か聞いた後、【作文例】を読んで聞かせます。
「今、みんなに聞いた大変だったことや感想などを作文にすると、わらじ作りの様子がよく伝わりますね。今読んだ作文の真似をして書いてみましょう。」

⑤ いろいろな体験活動で書かせることができ、作文ネタは豊富です。

【作文例】

本物のわらではなくビニールひもで、わらじ作りに挑戦。

はだしになって、ビニールひもを足の指にはさんで、わらじ作りを始めた。やり方は「上下上下……」とひもを通していくだけで簡単。説明を聞いていた時は、すぐにできそうだと思った。

ところが、自分でやり始めるとたいへん。足の指はいたい。冷たい。腰はいたい。力の入れ方をまちがえると、わらじが細くなったり太くなったりして、へんな形になった。本当にむずかしい。簡単と思っていたのがはずかしい。昔の人は、よくあんなにかっこいいわらじをいくつも作ったなあと思う。

（以下略）

わらじ作りに挑戦《ちょうせん》作文

名前	

わらじ作りに挑戦《ちょうせん》した時の様子《ようす》を教えてください！

わらじ

作文のコツ

①次のことを書くと、様子《ようす》がよく伝わります。

- どんな道具《どうぐ》や材料《ざいりょう》を使《つか》った？　・作り方は？
- 作る前の気持《きも》ちや作っている時の気持《きも》ち、作り終《お》わった時の気持《きも》ちはどうだったか。　・失敗《しっぱい》や成功《せいこう》したこと。
- 昔《むかし》の人に対する思い。　など

②作っている様子《ようす》の絵を入れてもいいです。

／枚目《まいめ》

⑦続き辞典作文

おすすめ／一学期

3・4年生 20分

指導のポイント

① ある言葉を辞典で調べると、その説明にいろいろな言葉が登場します。その説明に書いてある言葉の中から、また辞典で調べるものを選びます。辞典調べをどんどん続けて、調べたことを作文の形で記録として残すネタです。

② 初めは、みんなで同じ言葉を調べます。例えば、【作文例】のように「ヘチマ」を調べさせ、その説明を読んだ後、説明の言葉の中から「ウリ」を選んで、また辞典調べをさせます。これを【続き辞典】と言うことを知らせます。

③ 二回目からは、自分で調べる言葉を決めて、続き辞典をさせます。その際、【作文例】を手本にして、調べた過程を作文の形にまとめさせます。はやく書けた子の作文を、手本にすることもあります。

④ 辞典で調べる言葉はいくらでもあるので、続き辞典調べシリーズの作文を書かせることができます。ネタは豊富です。

【作文例】

「ヘチマ」を辞典で調べました。「ウリ科の一年草。また、その果実」と出ていました。

続き辞典をします。次は「ウリ」を調べます。「ウリ科の植物の総称」だそうです。

「ウリ科の植物」を調べると、スイカ・メロン・カボチャ・キュウリ・ひょうたんなどだそうです。スイカやメロンがウリ科とは知りませんでした。

すぐに「スイカ」を調べると、つる性という言葉が出てきました。今度は「つる」を調べます。「植物で他物をよじ登ったり地上を長く走ったりする茎」のことだそうです。「つる＝茎」なるほど……（以下略）

続《つづ》き辞典《じてん》作文

名前	

さあ、続《つづ》き辞典《じてん》をしましょう！
右の言葉《ことば》を調《しら》べたら、その説明《せつめい》の言葉《ことば》の中からまた次《つぎ》の言葉《ことば》を調《しら》べてみましょう。

はじめの言葉

ヘチマ

作文のコツ

①まずは「ヘチマ」を辞典《じてん》で調《しら》べてください。どんなことが書いてありますか。下に書きましょう。
②「ヘチマ」の説明《せつめい》に書いてある言葉《ことば》の中から、一つだけ言葉《ことば》を選《えら》んで、その意味《いみ》を調《しら》べましょう。
③調《しら》べて「意味《いみ》」を知った時の自分の気持《きも》ちも書くと、いい作文になりますよ。

／枚目《まいめ》

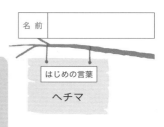

第3章

高学年の作文指導のネタ

①使用上の注意作文

おすすめ／一学期

5・6年生 20分

指導のポイント

① 身の回りにあるいろいろなものには、必ず「使用上の注意」がついています。そこに書かれている文章を読むと、意外に「えっ、これどういうこと？」というようなものに出会います。そんな文章を探して人に伝える作文のネタです。

② 初めに、缶コーヒーなどの写真を黒板に貼ります。その缶コーヒーの「使用上の注意」の文章に目を向けた子どもがいることを伝えます。そこで、【作文例】を読みます。日頃、あまりじっくり読まない「使用上の注意」を読み直してみると、意外に考えてしまう文章に出会うことを伝えます。

③ 自分が面白い！ これどういう意味？ などと考えた文章を人に伝える形で作文にさせます。

④ 身の回りには、いくらでも「使用上の注意」があるので作文ネタには困りません。親子で楽しく探すこともできます。

【作文例】

お父さんが飲んでいたコーヒーの缶の「使用上の注意」を読んでみました。

「よくふってお飲みください。」

この言葉が書いてありました。すぐに、疑問が頭にうかびました。

よくふるって、どれくらいふるんだろう。一・二回でもいいのかな。どんなふり方がいいのかな。

他に、こんな使用上の注意も書いてありました。

「ストーブの上に置いて温めないでください。」

コーヒーの缶を、ストーブの上に置いて温める人がいるのにびっくりしました。危険だというのが分からないのかなあ。（以下略）

使用上の注意作文

名前	

なぜ、こんな「使用上の注意」が書いてあるのかな。どんな意味《いみ》がこめられているのかな。

①使用方法……食べ物にかけてください。
②感電をさけるため、水洗《あら》いやお風呂場《ふろば》での使用は絶対《ぜったい》にしないでください。

作文のコツ

①は、「あるドレッシング」に、②は「ある電気掃除機《そうじき》」についていたものだよ。

・なぜ、この言葉がいるのかな。もしこの注意がなかったらどう？
・この言葉に、どんな意味がこめられているのかな。
・よく似《に》た注意の言葉を見つけたら、書こう。

★問題の「使用上の注意」以外にも「気になる言葉」を見つけたら、続けて書こう！

／枚目《まいめ》

②月の変化を観察する作文

おすすめ／二学期

5・6年生 20分

指導のポイント

① 空を見ると、必ずと言っていいほど目にする月。その形を少しずつ変えていく月。そんな月の変化の様子を観察し、不思議に思ったり考えたりしたことを作文にするネタです。

② まずは、子ども達に聞きます。

「昨日の夜、空を見ると月が出ていましたが、どんな形をしていたか覚えていますか。黒板に描ける人はいますか。」

数名指名して、月の絵を黒板に描かせ、さらにこんな質問をします。

「月を見て何か不思議に思ったり、考えたりしたことはないですか。」

③ 何人かに聞いた後、【作文例】を読みます。

④ 読んだ【作文例】を真似させて、月の観察作文を書かせます。月以外に、星や星座の様子を入れてもOK。月や星の観察を何日か続けた作文にも挑戦させます。

【作文例】

これは今日の月です。

五時半ごろスイミングから帰る時に見た月の形です。

理科の時間に習った上弦の月です。今から満月になっていく月です。

月の周りには、うっすらと丸い月のワクが見えました。

七時過ぎに外に出て、もう一度月を見てみました。さっきより少しかたむいている気がしました。

一時間半の間に、ずいぶん移動していました。

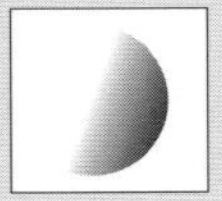

理科で習った通りです。周りに雲がないので、よく光って見えました。

（以下略）

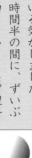

月の変化を観察する作文

名前

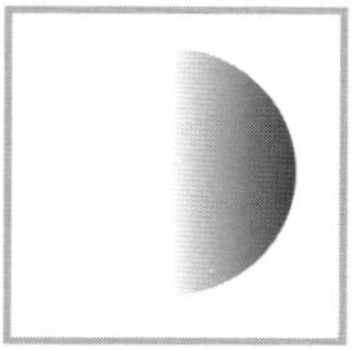

作文のコツ

①月の様子を観察して書こう。
- ・どんな形をしているかな。
- ・どの場所に月が出ているかな。
- ・月の絵をかいてね。変化の様子も書いてね。
- ・月をじっと見て気がついたことはないかな。

②一日だけでなく何日間かの変化の様子にも挑戦《ちょうせん》してね。

／枚目《まいめ》

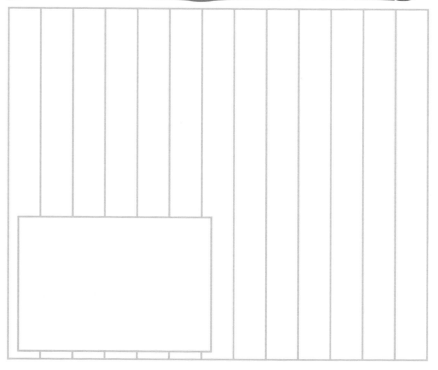

③夏休みに毎日葉書作文

おすすめ／長期休み

5・6年生 20分

指導のポイント

① 夏休みに「葉書」で日々の様子を伝える宿題を出しました。日記を、先生に日々の様子を伝える作文にするネタです。

② 一枚の「葉書」を見せます。その葉書には、【作文例】が書いてあります。次のように言った後、【作文例】を読みます。

「この葉書は、夏休みに先生のところに届いたものです。夏休みの様子を葉書に書いて送るという宿題を出していたのです。最低三回は送るという宿題でした。」

③ ここで、「葉書サイズの紙」を子ども達に渡します。次の日の宿題を【作文例】のような作文にします。葉書サイズの紙に、作文を書かせます。

④ 書いてきた「葉書サイズ」作文は掲示して、友達の書き方を参考にさせます。

⑤ 長期休みには、本物の葉書を使わせます。

【作文例】

先生、「モモ」という映画を見に行きました。先生は見に行きましたか。とっても面白かったですよ。私はモモになったような気持ちで、映画をずっと見ていました。

時間どろぼうが出た時、ドキゾクドキゾク。私の心、すごかったなあ。

モモは、人々や動物みーんなを和やかにしてくれるんですよ。見ていた私まで。

映画の帰りに、本も買いましたよ。もう半分以上読みました。本を読んでいると、映画の世界が頭にうかんで幸せになります。

先生も「モモ」を読んでみてくださいね。今度、登校日の時に本を持って行きますね。

夏休みに毎日葉書作文

名前	

作文のコツ

①【作文例】を手本にして、夏休みの出来事を先生に知らせるつもりで書こう。

・話し言葉も入れよう。

②葉書には、絵を入れてもいいよ。色もつけてみよう。

／枚目《まいめ》

夏休みの出来事を、葉書サイズのワクの中に書いてみよう。

線を引いてもいいよ。

※書籍上では、葉書の縮小サイズになっています。

④給食に出たものの学び作文

おすすめ／一学期

5・6年生 20分

【作文例】

今日の給食にいちごが出ました。いつものように、給食に出たものから学びます。

先生の言葉通り、図のようになっていました。今まで見ているようで見ていませんでした。面白いです。

ちなみに、いちごのつぶつぶは、果実だそうです。びっくりしました。ずっとタネだと思っていました。家に帰って調べると、果実としっかり書いていました。いい勉強になったなあと思います。

他にも、いちごの漢字を「苺」と書くのには意味があることを教えてもらいました。(以下略)

指導のポイント

① 学校の給食には、日々いろいろなものが出てきます。そんな学校の給食に出たものを、たまにじっと観察してみます。そうすると、今まで気がつかなかった事実に出会います。その出会いの様子を作文にまとめるネタです。

② まずは「最近、給食に出たもの」を聞きます。
「この一週間で、給食に出たものを覚えていますか。」
教師は献立表を片手に、子ども達に質問します。友達と相談させた後、発表させます。

③ 【作文例】を読みます。
「給食に出たものをじっと観察して、こんな作文を書いた人がいます。」

④ 最近の献立から作文に書くネタを探させ、【作文例】のような作文を書かせます。【作文例】は掲示しておいて、手本にさせます。

給食に出たもの学び作文

名前	

最近の給食の献立《こんだて》を覚えているかな。
最近の献立《こんだて》から「こだわって調べたもの」を教えてね。

作文のコツ

◎最近の給食に出たものにこだわってみよう！

・原材料は何？　・どこでとれたものか？　・作り方は？
・切ってみると？　・漢字で書くと？　など

⇩

・辞典で調べる　・人に聞く（家族・友達など）
・百科事典で調べる　・インターネットで調べる　など

／　枚目《まいめ》

⑤身の回りの科学面白発見作文

おすすめ／三学期

5・6年生
20分

指導のポイント

① 身の回りには、たくさんの科学ものがあります。日頃よく目にしているものを「科学」という視点で見つめ直し、作文の形で報告するネタです。

② まずは、身近にある「鉛筆」を見せます。「この鉛筆を科学という目で見ると、面白い発見があります。鉛筆の芯は何からできていると思いますか。（間）実は黒鉛です。この鉛筆の芯は、電気を通すんですよ。」

③ 鉛筆をきっかけに、身の回りのもので「科学の目」で見直すと面白そうなものを発表させます。例えば「鉛筆削り」「ノート」「下敷き」「机」「蛍光灯」「チョーク」「押しピン」などが出てきます。科学の目でものを見つめ直すヒントになります。

④ 家族みんなと「科学の目」でもの探しをしたことを、作文の形でまとめてもいいことにします。

【作文例】

身の回りの科学発見シリーズです。お父さんと買い物に行った時に、いっしょに探しました。

まずは、信号機です。最近の信号機にはLEDを使っているそうです。発光ダイオードというものです。ぼくは科学工作クラブなので、発光ダイオードに興味があります。今度買ってもらえることになりました。

次に発見したのが、トイレットペーパーです。スーパーで買う時に、トイレットペーパーがなぜ水に溶けるかの説明がありました。トイレットペーパーが、短いせんいでできているなんて知りませんでした。水の中でぐるぐる回る時に、せんいがほどけるそうです。

（以下略）

身の回りの科学面白発見作文

名前

身の回りには、右のえんぴつ削《けず》りのように「科学」につながるものがたくさんあるよ。他に、どんなものが「科学」につながるかな。

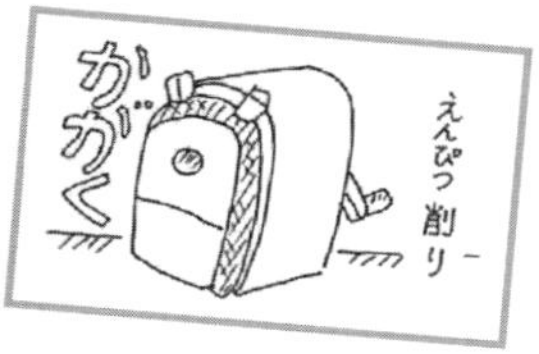

作文のコツ

◎【作文例】を参考にしよう。

・買い物に行った時に、お父さんと見つけているね。
　みんなも、買い物などに行った時に、家族といっしょに探《さが》そう。

・信号機、トイレットペーパーも科学につながるよ。身の回りにあるものを「科学の目」で探《さぐ》ってみよう。

／枚《まい》目《め》

⑥手話などボランティア体験作文

おすすめ／二学期

5・6年生
20分

指導のポイント

① 高学年になると、ボランティア体験をすることが多くなります。例えば、手話・点字・介護体験などです。こういう人のために動くボランティア体験を記録として作文にするネタです。

② 黒板に「手話」と書き、何と読むか聞きます。「よく知っていますね。【しゅわ】と読みますよね。手で話すことです。では、こんな手話を知っていますか。」いくつかの簡単な手話を見せます。例えば「おはよう」などです。

③ 【作文例】を読みます。「作文を書いた女の子は、手話を体験して感じたことを作文にしました。みなさんは、どうですか。手話をやってみたいですか。」

④ 手話をしながら歌を歌ったり、詩を読んだりする体験をさせます。ボランティアと完全には言えませんが、ボランティアへの第一歩として、この体験を作文に書かせます。

【作文例】

手話を体験しました。手話は手で話をするのです。

手話があると、話すことができない人と心の通じ合いができます。

手話があると、話すことができない人も一人ぼっちじゃなくなります。

図にしてみました。

手話があると、心の波紋がどんどん広がっていくと思います。

広がって広がって、心がとっても大きくなって、優しい心がふくらむと思います。

私は、もっと手話を覚えて、困っている人の役に立てるようになりたいと思います。（以下略）

手話など
ボランティア体験作文

名前	

手話を体験して、
どんなことが
分かりましたか。

作文のコツ

①手話を体験して、思ったことや考えたことを書きましょう。
- 手話で歌うと、どんな感じがしましたか。
- 手話で詩を読むと、どんな感じがしましたか。
- 手話があると、どんないいことがあるのか考えましょう。
- 手話を覚えたくなりましたか。
- 手話は、いつごろから生まれたんでしょう。

②手話以外のボランティア体験も書きましょう。

／枚目《まいめ》

⑦熱中奉仕活動を細かく描写作文

おすすめ／二学期

5・6年生 20分

指導のポイント

① 高学年になると、奉仕活動などに参加する機会が増えます。通常授業以外で取り組んだ、いろいろな活動の様子を細かく描写した作文に挑戦するネタです。

② 奉仕活動がある前の日などに、【作文例】を拡大して掲示します。

「この作文は、ある男の子が《奉仕活動》に参加した後に書いたものです。今から、この作文のうまいところを探したいと思います。」

友達と相談させ、この作文のうまいところを発表させます。

・「 」から始まっている。　・周りの人の様子を書いている。

・周りの様子を書いている。　・自分の気持ちを書いている。　など

③ 【作文例】を真似させて、奉仕活動の様子を細かく上手に描写させます。

④ 奉仕活動以外でも、通常授業以外で取り組んだものがある時には、細かく描写する作文に挑戦させます。

【作文例】

「それでは、奉仕活動を始めます。」福山先生が言った。ぼくは、プールのそばの草ぬきだ。みんな、しんけんな顔だ。ぼくも負けられない。

周りには、ヒューという風の音がひびいた。冷たい風だ。

ぼくは、この風に負けずに草をぬくぞと気合を入れた。

どんどん草をぬいていった。中には、かたい根っこの草もあった。根っこは長くてなかなかぬけない。

そんな時は、友達と力をあわせて少しずつ少しずつぬいていった。

みんなの顔を見ると、いい顔をしていた。まだまだ負けられないとがんばってぬいた。（以下略）

熱中奉仕《ほうし》活動を細《こま》かく描写《びょうしゃ》作文

名前	

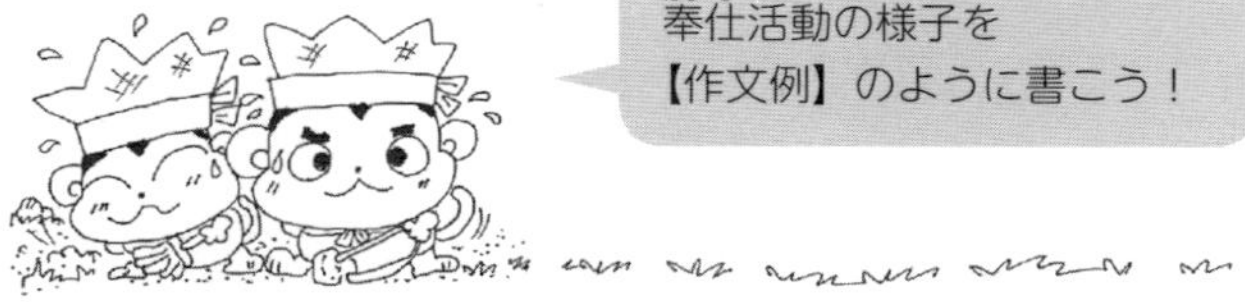

奉仕《ほうし》活動の様子を
【作文例】のように書こう！

作文のコツ

◎作文を書くコツがあるよ。
- 「　」から始めよう。
- 始まる前の自分の気持ちを書こう。
- 周りの人やものの様子を書こう。
- 周りの人の言葉やものの音を書こう。
- 一文を短く書こう。　・常体《じょうたい》で書こう。　など

／枚目《まいめ》

⑧ものの名前から昔の名調べ作文

おすすめ／二学期

5・6年生
20分

指導のポイント

① 身の回りには、昔の都道府県の名前を使ったものが結構あります。そんなものを提示し、どこの都道府県かを調べた様子を作文にさせるネタです。

② まずは、りんごを見せます。

「このりんご（の品種）の名前は、むつです。この《むつ》というのは昔の都道府県の名前です。さて、どこだと思いますか。」

りんごということで、青森県とすぐに出てきます。

「さすがです。青森県です。では、その証拠を何で調べますか。」

何人かに聞いた後、地図帳で調べさせます。

③ 【作文例】を紹介し、書き方を真似させて、同じように作文を書かせます。ただ、書くネタとして「りんご」ではなく「出雲そば・薩摩芋・伊予柑」などを用意します。

④ 書いた作文を発表させ、書き方のうまいところを言い合わせます。

【作文例】

先生が、一つのりんごを見せて、こんな問題を出しました。

「このりんごの名前は『むつ』と言います。むつという漢字を地図帳で調べてください。」

（えっ、辞典で調べるんじゃないの？）と思いました。すると、地図帳の初めのあたりのページにのっているというヒントをもらいました。どうやら、都道府県の昔の名前に関係しているとのことです。

ありました。りんごといえば「青森県」です。青森県に「陸奥」と書いてありました。りんごの名前から昔の言い方を学べるなんて思いませんでした。辞典でも「むつ」を調べてみました。

（以下略）

ものの名前から昔の名調べ作文

名前

右の絵は、さつまいもだよ。
さつまいもの「さつま」を地図帳で見つけよう。辞典で調べよう。今の何都道府県か分かるかな。

作文のコツ

① 【作文例】のまねをして、作文にこんなことを書こう。
- 先生の言った言葉。
- 自分が思ったこと、考えたこと。
- 地図帳を調べた時の様子。
- 見つけた時の気持ち。
- 辞典で調べて書いてあったこと。　など

② 「さつまいも」だけでなく、「出雲《いずも》そば」「伊予柑《いよかん》」「越前《えちぜん》ガニ」「肥後《ひご》牛」「豊後《ぶんご》水道」「琉球《りゅうきゅう》ガラス」なども調べて、作文に書こう。

／枚目《まいめ》

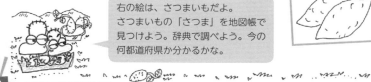

⑨切手の図柄をじっくり見つめる作文

おすすめ／一学期

5・6 年生 20分

指導のポイント

① 身の回りにたくさんある「切手」の図柄に目を向けさせ、どんなものが描かれているかを探る作文のネタです。

② 「切手」を拡大したものを、黒板に提示します。例えば、下のような「二円切手」を提示し聞きます。

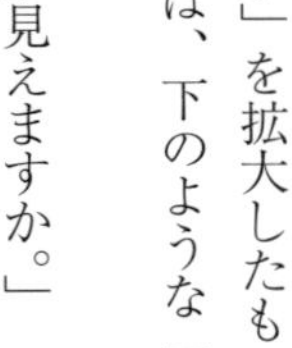

「何が見えますか。」

当然、ウサギに目がいきます。では、そのウサギは何というウサギか。調べると「エゾユキウサギ」です。では、どこに住んでいるのか。こんな風に次々と調べることが出てきます。

③ そこで【作文例】を読みます。

「ある女の子が、家にあった五十円切手の図柄を探った作文を書きました。真似をして書いてもらうので、よく聞いてください。」

④ 切手の図柄は豊富なので、作文ネタには困りません。切手の図柄を見つめる作文シリーズで書くことができます。

【作文例】

家にあった「五十円切手」をじっくり見てみるとすぐに、一匹の動物が目に入りました。何という動物かお父さんに聞いて調べました。

「ニホンカモシカ」というそうです。シカと聞いてびっくりしましたが、辞典などには、ウシやヤギに近いと書いてありました。

そういえば、顔が何となくウシやヤギに似ている気がします。角もシカっぽくないです。辞典にもシカのように枝分かれしないと書いてあって、勉強になりました。

ニホンカモシカがいる場所も気になりました。ななめの場所だなあと思っていたからです。がけにいることが多いそうです。（以下略）

切手の図柄《ずがら》を じっくり見つめる作文

名前	

五十円切手を探《さぐ》って
みよう！

作文のコツ

①五十円切手を見て、何がかかれているかを探《さぐ》ろう。
②どんな文字や数字が書かれているかを探《さぐ》ろう。
③辞典や百科事典、インターネットなどで調べた時には、その調べ方や調べたことも書こう。
④家族や友達に聞いたら、そのことも作文の中に入れよう。
⑤他の切手でも試してみよう。

／枚目《まいめ》

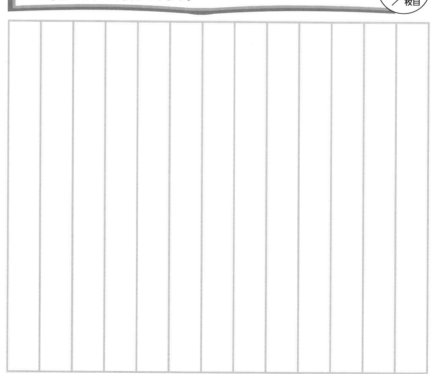

⑩矢印を使った作文

おすすめ／一学期

5・6年生 20分

【作文例】

二才下の妹の死は一九二二年十一月二十七日。この妹は、家族の中で最も賢治を理解していたという。

⇩

妹トシが療養していたのは八畳の部屋で窓が高く小さく、暗くいん気だったらしい。

⇩

ひょっとして「谷川の底」というのは、このトシが療養していた部屋を表しているのではないか。

⇩

高い窓を見上げている。まるで、カニが天井を見上げているのと同じようだ。

⇩

トシとカニの姿が重なる。（以下略）

指導のポイント

① いつもの作文の書き方ではなく、話の流れを【矢印】を使って表現する作文に挑戦させるネタです。

② まずは、【作文例】を拡大して、黒板に貼ります。

「今から見せる作文は、普通の作文の書き方とは少しちがっています。どこがちがうか、すぐに見つけてくださいね。」

当然、矢印に目がいきます。接続詞がなく、【矢印】を使って話の流れを表現する方法だと知らせます。ちなみに、【作文例】は「やまなし」という物語を使って矢印を使った作文に挑戦したものです。

③ 初めての「矢印を使った作文」のネタとして、物語「やまなし」の分析を作文にするのは難しいので、掃除時間や給食時間の始まりから終わりまでの様子を作文にさせます。

④ 矢印を使うことに慣れたら、【作文例】のような自分の思考の流れを表現する「やまなし」などの分析作文にも挑戦させます。

矢印を使った作文

名前

掃除《そうじ》時間や給食時間の「始まり」
から「終わり」までの様子を、
矢印を使って書こう！

作文のコツ

①矢印の使い方は、接続詞《せつぞくし》のかわりに使うと考えてみよう。
（例）だから…… ⇨ にする。
②掃除《そうじ》時間・給食時間を次のように細かく分けて書こう。
・掃除《そうじ》や給食時間の始まりの様子。　始まりの合図や周りの様子。
・掃除《そうじ》や給食時間の途中《とちゅう》の様子。　自分や友達の様子。
・掃除《そうじ》や給食時間の終わりの様子。　終わった時のみんなの様子。
③「矢印」に慣《な》れたら、分析《ぶんせき》作文にも挑戦《ちょうせん》しよう！

／枚目《まいめ》

①コマーシャルの言葉分析作文

おすすめ／一学期

5・6年生 20分

指導のポイント

① コマーシャルを見ていると、面白い言葉に出会います。そんな面白い言葉に隠された秘密やワザを探っていく作文のネタです。

② 子ども達がよく耳にしている、コンビニのコマーシャルの言葉を黒板に書きます。例えば「セブンイレブンいい気分！」というコマーシャルです。

「このコマーシャルは、みんなに気軽に覚えてもらえるように工夫されています。探ってみてください。」

③ 友達と相談させ、思いついたことを発表させます。

例えば、七五調になっているので、リズミカルな言葉になっている。例えば、「ブン」のリフレインになっていて耳に残りやすい、などです。

④ 【作文例】を読みます。コマーシャルの言葉分析の手本として、常に目につくところに掲示しておき、真似をすすめます。

【作文例】

「ハエハエ　カカカ　キンチョール」というコマーシャルの言葉があります。これを分析します。

言葉の数が、七五調になっています。これでリズムが生まれて、耳に残りやすいです。「ハエハエ」とリフレインされています。ハエが飛んでいる緊張感が伝わってきます。「そこにハエがいるいる！」とあせっている感じが伝わってきます。本当は、二回ではなくもっと「ハエハエハエハエ……」と言っていると思います。「カカカ」もリフレインです。ここでもハエと同じように、蚊がいた！と訴えていると思います。それとハエや蚊を退治して笑っている様子が「カカカ」です。

（以下略）

コマーシャルの言葉分析《ぶんせき》作文

名前

セブンイレブン
いい気分！

あいてて
よかった
氷

右のコマーシャルの言葉を分析《ぶんせき》してみましょう。
どんな秘密《ひみつ》が、言葉一つ一つにかくされていると思いますか。

作文のコツ

①コマーシャルの言葉を分析《ぶんせき》する時、次のような視点《してん》をもって、秘密探《ひみつさぐ》りをするといいです。
- ・リズム（七五調・五七調）　・くり返し言葉（リフレイン）
- ・かくし言葉（ある意味をかくす）　・かくし心（作り手の思い）
- ・絵画的表現（うかぶ絵）　・たとえ言葉（比喩《ひゆ》）　など

②いろいろなコマーシャルがあるので、ちがうコマーシャルでも同じような視点《してん》で、探《さぐ》ってみましょう。

／枚目《まいめ》

②担任の先生レポート風作文

おすすめ／三学期

5・6年生 20分

指導のポイント

① 担任の先生のことを、子ども達がどう感じているのか。担任の先生のことをレポート風にまとめさせる作文のネタです。

② 子ども達に聞きます。

「福山先生はどんな先生ですか。（　　　）人という形で発表してください。」

発表の前に、ハンカチやティッシュを持って来ることに厳しい人というような例を紹介します。何人かを指名し、発表させます。

③ 【作文例】を読みます。

「今から読む作文は、ある年の五年生に同じように書いてもらったものです。後でこの作文のように、先生のことを書いてもらいます。書き方は真似をしてもいいです。」

④ 一学期・二学期・三学期と節目ごとに書かせると、子ども達の担任に対する意識の変化が分かって面白いです。

【作文例】

福山先生はどんな先生かをレポートします。

○いけないことは叱る人
○面白い人
○おこってくれる人
○やさしい人
○人に言われなくてもする人
○何でも挑戦する人
○歌がうまい人
○きれい好きな人
○本が好きな人
○絵が好きな人
○好き嫌いがない人
○時間を大切にする人
○宿題君を毎日作ってくれる人
○大きな目標がある人
○ギャグ好きな人　（以下略）

担任《たんにん》の先生レポート風作文

名前

（　　）先生は、どんな先生か
レポートしよう！

作文のコツ

①担任《たんにん》の先生は、どんな先生かを書き出そう。
（例）（　　　　　　　）な人
②【作文例】を参考に、箇条《かじょう》書きで書き出してみよう。
（例）やさしい人
　　大きな目標がある人　　など
③学期ごとや月ごとの「先生レポート」に挑戦《ちょうせん》してみよう。

／枚目《まいめ》

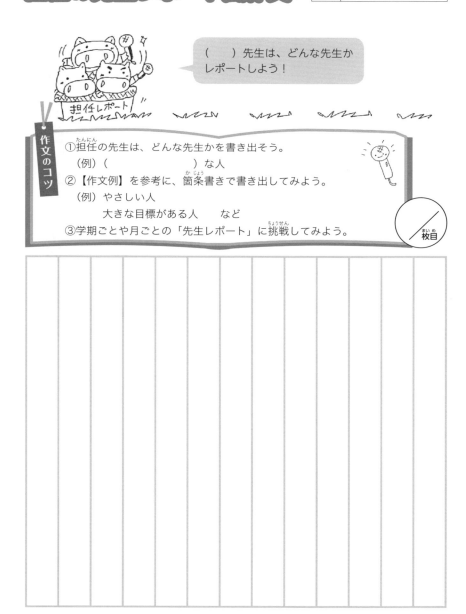

③お土産の面白い名前を分析作文

おすすめ／二学期

5・6年生
20分

指導のポイント

① 身の回りには、面白い名前のお土産がたくさんあります。そんなお土産の名前には、どんな意味が隠されているのか。それを探る様子を作文にするネタです。

② まずは、有名なお土産「白い恋人」の写真を見せます。「これは、北海道のお土産として有名なものです。面白い名前ですよね。どうして、白い恋人という名前にしたと思いますか。」北海道というのがヒントになっているので、すぐに出てくるのがお菓子の色が白くて「雪」につながるという考えです。

③ 今度は、地元のお土産「おそいぞ武蔵」の本物を見せます。「白い恋人」と同じように、名前の意味を考えさせます。

④ 最後に、作文ワークのお題「ゴリラの鼻くそ」の写真を提示します。この名前について考えたことを、作文に書かせます。作文を書いている途中で【作文例】を読み、書き方のヒントにさせます。

【作文例】

先生が、動物園に行って、面白い名前のお土産を買ってきました。

「ゴリラの鼻くそ」

こんな名前のお土産です。

袋から見えるものが、黒く丸いものなので、本当にゴリラの鼻くそかと思いました。

色だけでなく、大きさもゴリラの鼻くそかなあと思わせます。

でも、本当はゴリラの鼻くそみたいな豆のお菓子でした。

「ゴリラの鼻くそ」というのは、たとえ言葉です。ゴリラの鼻くそを集めたような感じにしています。

でも、これが動物園にあると、本物かなと思ってしまいます。袋のゴリラの絵もいいです。（以下略）

お土産《みやげ》の面白い名前を分析《ぶんせき》作文

名前	

動物園に行って買ってきた「面白い名前のお土産《みやげ》」です。どうして、こんな名前のお土産《みやげ》にしたのか、考えてください。

ゴリラの鼻くそ

作文のコツ

①お土産《みやげ》の面白い「名前」を分析《ぶんせき》する時には、次のような視点《してん》から探《さぐ》ってみてください。
- たとえ言葉（比喩《ひゆ》）　・色　・形　・音　・呼《よ》びかけ
- くり返し（リフレイン）　・言葉の足し算（組み合わせ）
- ダジャレ　など

②ぜひ、ちがう「お土産《みやげ》の名前」の分析《ぶんせき》にも挑戦《ちょうせん》してください。

／枚目《まいめ》

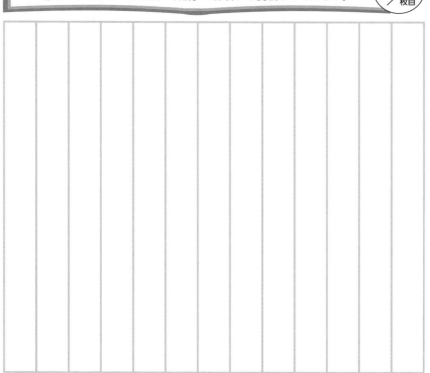

④気になる漢字の分析作文

おすすめ／一学期

5・6年生 20分

指導のポイント

① なぜこんな漢字になったのか、子ども達からよく質問を受けます。【作文例】の「虹」は代表的なものです。虫偏というのが、どうしても気になるようなのです。こういう子ども達にとって「気になる漢字」を取り上げて、その成り立ちを推理させる作文のネタです。

② 初めは、全員共通の「気になる漢字」を提示します。例えば「蚊」です。「なぜ、虫偏に文なのか」これを推理させます。友達と相談させた後、考えを発表させます。推理することの面白さを味わう場にします。

③ この後、虫偏の中で「気になる漢字」はないかを探させて、自分なりに「蚊」と同じような推理をさせます。その推理した過程を作文にさせます。もちろん、【作文例】を提示し参考にさせます。

④ これをきっかけに、気になる漢字シリーズで作文を書かせることができます。漢字は豊富なので、作文ネタが尽きることはありません。

【作文例】

「虹」という漢字が気になります。虹なのに、どうして虫へんなのか不思議です。

先生から以前、蛇という漢字の意味を聞いた時のことを思い出します。昔は、鳥や魚でない小さな生き物を虫に分類していたそうです。

これから考えると、虹が虫に見えたということになります。

それで考えたのがこんな図です。

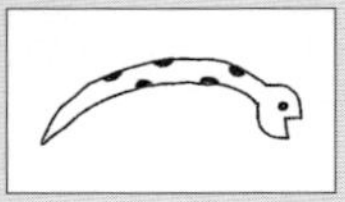

「工」の部分が、蛇のように見えたのではないかと考えました。だから、虫へんにしたのだと推理しました。自分の考えが当たっているか、辞典を調べました。（以下略）

気になる漢字の分析《ぶんせき》作文

名前	

虫へんの漢字で、気になるものを分析《ぶんせき》してみよう！

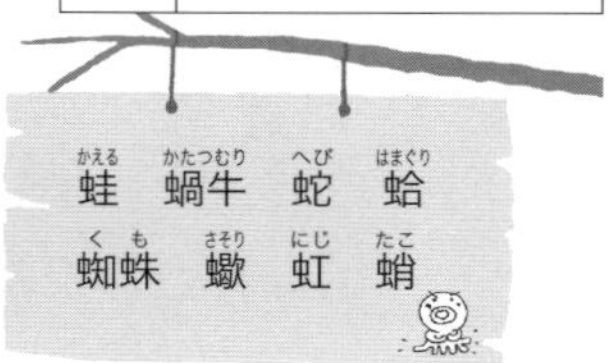

作文のコツ

①虫へんの漢字で、気になるものを見つけよう。
・右上の中から選んでいいよ。

②虫ではないのに、なぜ「虫へん」なのか。虫へんについて辞典などで調べよう。

③【作文例】や友達、家族の考えも聞こう。聞いたことを作文につけ加えてね。

／枚目《まいめ》

⑤新聞の見出し分析作文

おすすめ／一学期

5・6年生 20分

指導のポイント

① 新聞の見出しを見ると、これどういう意味か分からないという言葉に時折出会います。そんな見出しを取り上げて、深く考えてみる作文のネタです。

② まずは、こんな見出しの例を紹介します。
「つまようじをだく……この見出しは、実際に新聞に書いてあったものです。実は、本当は漢字なのですが、あえて平仮名にしました。これ、どんな記事だと思いますか。」

友達と相談させた後、発表させます。実は、「妻（、）幼児を抱く」という見出しです。

③ そこで、作文ワークの問題「よっぱらい警官二人なぐる」を提示します。友達と相談させた後、作文に書かせます。作文を書いている途中に【作文例】を紹介し、書き方の真似をさせます。

④ いろいろな見出しで作文に挑戦させ、書き方に慣れさせます。

【作文例】


新聞にこんな見出しがあった。

「よっぱらい警官二人なぐる」

この見出しを見た時、すぐに自分問題を考えた。

「なぐったのは誰か」

よっぱらいか警官か。よっぱらいが警官をなぐったのか。それとも、よっぱらった警官が二人をなぐったのか。

お助け言葉を入れてみた。
①よっぱらい（が）警官二人（を）なぐる
②よっぱらい（の）警官（が）二人をなぐる
③よっぱらい（の）警官二人（が）なぐる
どれが正しいのかな。（以下略）

新聞の見出し分析《ぶんせき》作文

名前	

ある新聞の見出しだよ。この記事の意味を考えよう。

よっぱらい警官《けいかん》二人なぐる

作文のコツ

①「つまようじをだく」のように、点や言葉がかくされているよ。
（例）つま（が）ようじをだく（妻《つま》が幼児《ようじ》をだく）
②かくれている点または言葉を探《さが》そう。
・どこで区切って読むか。
・区切り方で、どんな意味に変わるかな。
・この見出しのイメージを絵にかいてもいいよ。

／枚目《まいめ》

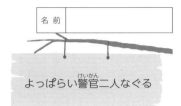

⑥街中標語分析作文

おすすめ／一学期

5・6年生 20分

指導のポイント

① 街中で、たくさんの標語を見つけます。看板に書いてあったり紙に書いて掲示されていたりと、至るところで見かけます。たくさんの標語の中から一つだけ取り上げ、言葉一つ一つにこだわって探ったことを作文にするネタです。

② まずは、学校に掲示されている「標語ポスター」を見せます。ない時には、標語を書いた紙を提示します。
「こんな標語を街中で見たことないですか。いろいろな場所にこんな言葉の看板がありますよね。この標語でみんなに何を訴えたいのか。言葉一つ一つを探ってみてください。」

③ まずは、標語ポスターの言葉を全員で分析し、言葉へのこだわり方を共有します。その後【作文例】を印刷したものを配布し、読んで聞かせます。【作文例】を真似して書いていいことを伝えます。標語は身の回りにたくさんあるので、作文ネタには困りません。

【作文例】

街中で、こんな標語を見つけました。「まず消そう火への鈍感無関心」です。火災予防の標語です。これを分析してみます。

まず気がつくのが、五七調になっていることです。リズムが出てきます。リズムがあると覚えやすいです。覚えやすいということは「注意しやすい・気をつける」ということにつながります。

次に目がいったのが「消そう」という言葉です。この言葉に、二つの意味を感じます。一つは「火を消そう」もう一つは「鈍感・無関心になっている心を消そう」です。それに、初めに消そうと言っているので、訴えが強くなります。（以下略）

街中標語分析《ぶんせき》作文

名前	

標語
行けるかな…

右の交通安全標語を
分析《ぶんせき》してみましょう！

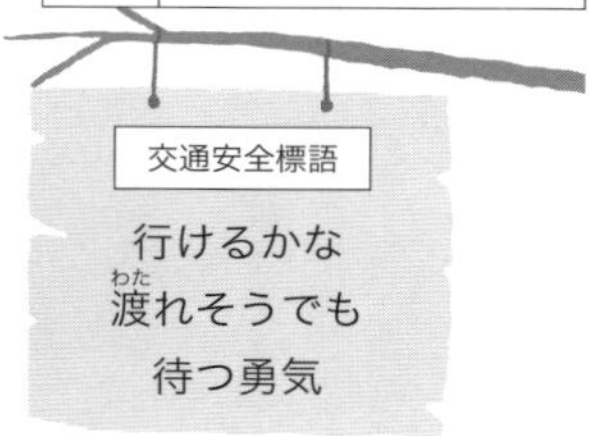

交通安全標語
行けるかな
渡《わた》れそうでも
待つ勇気

作文のコツ

①標語を分析《ぶんせき》する時のコツを生かしましょう。
- まずは、「標語」を写します。　・何の標語かを書きます。
- リズムがあるかどうか（五七調・七五調）を調べます。
- 言葉一つ一つからどんなイメージをもつか書きます。
- イメージする絵や図をかいてもいいです。
- 何を強く訴《うった》えているのかを考えて書きます。　など

②他の「標語」とくらべっこしてみましょう。

行けるかな
渡れそうでも
待つ勇気

／枚目《まいめ》

⑦お菓子の原材料から社会学び作文

おすすめ／二学期

5・6年生
20分

指導のポイント

① お菓子の袋をよく見ると、原材料がしっかりと書いてあります。お菓子からどんな原材料を使っているかを予想し、その後、原材料について調べて報告する作文のネタです。

② まずは、子ども達がよく知っているお菓子の袋だけを、子ども達に見せます。

「このお菓子、どんな原材料を使っていると思いますか。」

友達と相談させ、どんな原材料を使っているか予想させます。何人か発表させた後に、原材料を書いた紙を貼ります。

③ 貼った原材料の中から一つ選び、どこでよくとれるかを調べさせます。また、どこで製造し、どのように自分たちの町に来たかを予想させます。

④ 【作文例】を読み、お菓子の原材料を探る作文の書き方を提示します。初めは、真似して書いてみることをすすめます。

【作文例】

今日は「芋かりんとう」から社会学びです。いつものように、原材料を考えます。私の予想は「さつまいも」「砂糖」「食用油」です。お菓子の袋の裏のラベルを見てみると、見事に当たっていました。

次は、主役のさつまいもで有名な都道府県を探ります。予想は一位鹿児島県です。地図帳で調べると、やっぱり鹿児島県でした。だんだん、予想するのが楽しくなってきました。二位以下に茨城県や千葉県が入っていたのにびっくりです。

今度は、鹿児島県からどうやって下関に届いたかです。どんな高速道路や鉄道があるかを地図帳で調べました。

（以下略）

お菓子の原材料から社会学び作文

名前	

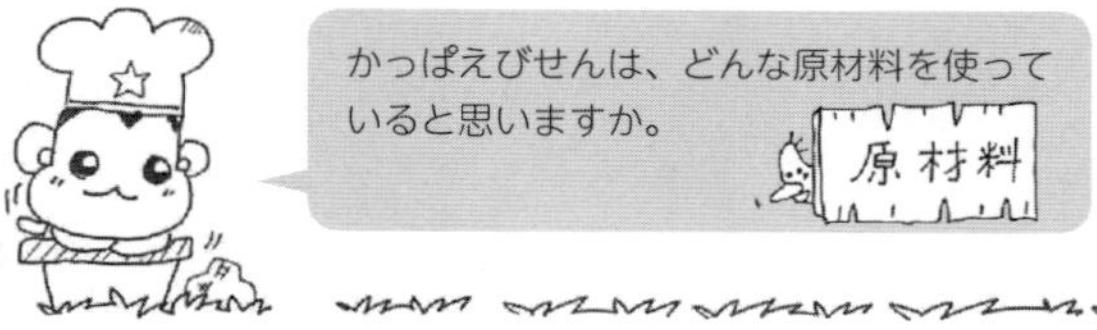
かっぱえびせんは、どんな原材料を使っていると思いますか。
原材料

Calbee
かっぱえびせん
カルシウム

作文のコツ

①まずは、どんな原材料を使っているか、予想をしましょう。
（例）小麦粉　砂糖《さとう》　など
②原材料を見て、どの都道府県でよくとれると思いますか。資料集《しりょうしゅう》などで調べてみましょう。
③では、その都道府県から、どうやって町に届《とど》くかを考えましょう。
（例）高速道路　船　など

／枚目《まいめ》

⑧文章のくらべっこ分析作文

おすすめ／二学期

5・6年生 20分

指導のポイント

① よく似た文章をくらべっこさせ、どんなちがいがあるかを考えさせて作文にするネタです。

② まずは、【作文例】に登場する二つの文章を黒板に貼ります。①と②、どちらが静かですか。周りで相談してください。

「①と②のよく似た文章をくらべっこしてください。」

相談後、数名に発表させます。その後【作文例】を読んで聞かせ、みんなが発表したようなことが書いてあったかを確認し合います。

③ 今度は作文ワークの問題を解かせます。【作文例】をもとにして、二つの文章のくらべっこの様子を作文に書かせます。

④ 何人かの子の作文ができたら、書いたことを発表させ、手本にします。

⑤ よく似た二つ・三つ以上の文章があれば、言葉にこだわり、そのちがいを探る作文のネタになります。

【作文例】

次の二つの文章をくらべっこします。

「①時計の音がカチカチ聞こえてきた。②風が窓の向こうでビュービュー吹いている。①と②、どちらが静かですか。」

ぼくは①です。時計の音は、周りがうるさいと聞こえてきません。それに、「聞こえた」ではなく「聞こえてきた」です。どんどん静かになっていく感じがします。

②のビュービューは、静かにしていなくても風が強かったら聞こえてきます。それに「吹いている」と言い切っているところに、風の強さを感じます。ビュービューという音も気になります。ヒューヒューとは感じがちがいます。

（以下略）

文章のくらべっこ
分析《ぶんせき》作文

名前

右の二つの文章をくらべっこしてみましょう。どんなちがいがありますか。

①サメの歯が、ぎらりと光った。
②サメの歯が、するどくとがっていた。

作文のコツ

①「①」と「②」の文章を読んで、イメージした絵をかきましょう。
- どんな歯をかきますか。
- 歯の大きさは。・歯の数は。　など

②どちらの文章が、こわさを目立たせていると思いますか。

③一つ一つの言葉のもつ意味を探《さぐ》りましょう。
- 「ぎらりと」はどんな感じがしますか。
- 「とがっていた」と読むと、どんな感じがしますか。　など

／枚目《まいめ》

①のイメージ絵

②のイメージ絵

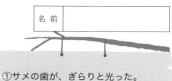

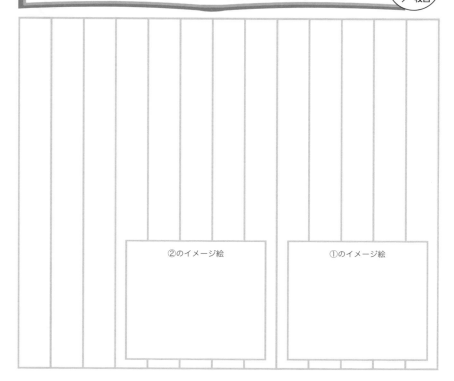

⑨心に響く歌詞を分析作文

おすすめ／一学期

5・6年生 20分

指導のポイント

① 子ども達に、どんな曲が好きかというアンケートをとると、実にたくさんの名前が挙がってきます。必ず耳にするのが「この曲の歌詞が好き」という言葉です。子ども達が、どんな曲のどんな歌詞が好きかを作文にするネタです。

② まずは、朝の歌で歌っている曲の中から、どの曲が好きでどの歌詞が好きかを聞きます。（校歌などでもいいです）

「毎日歌っている朝の歌の中で、みんなが好きな曲は何ですか。」

いろいろな曲名が挙がってきます。続けて質問します。

「その曲のどの歌詞が特に好きかな。」

③ 次に【作文例】を読み、手本にさせます。

「今から読む作文は、ある男の子が家でよく聞く曲の中から、好きな歌詞を探して作文にしたものです。手本にしてくださいね。」

④ 自分の好きな歌詞を紹介する作文を書かせます。

【作文例】

私は「アンパンマンたいそう」の歌詞が大好きです。机の前にはってあります。初めの言葉から自分の心に強く響いてきます。

「いいことだけいいことだけ」と強くリフレインされています。頭の中に、いいことを何度も思い出すように心がけてねと言われているようです。つらいことや苦しいことが、いいことの力で和らぐよと言われているようです。元気が出ます。

アンパンマンたいそうは、体のための体操ではなくて、きっと心の体操のための歌だと思います。

（以下略）

心に響《ひび》く歌詞《かし》を分析《ぶんせき》作文

名前	

どんな歌のどんな歌詞《かし》が好きかな？

作文のコツ

①次のことを書いて教えてね。

・何という歌か。　・誰の歌か。　・どの歌詞《かし》が好きか。

・いつごろから、この歌や歌詞《かし》が好きになったか。

・なぜ、その歌詞《かし》が好きなのか。

②その歌詞《かし》の言葉一つ一つにこだわってみよう。

・歌詞《かし》にこめられた意味を探《さぐ》ってみよう。

・いろいろな人に、歌詞《かし》から感じることを聞いてみよう。

／枚目《まいめ》

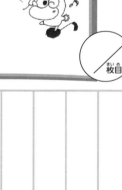

① 一年生に伝えるうまい説明挑戦作文

おすすめ／二学期

5・6年生 20分

指導のポイント

① 高学年になると、リーダーとなって下学年に説明する機会も増えてきます。その説明が少しでもうまくなるように、作文でもトレーニングをしておきます。そんな説明の作文ネタです。

② まずは、こんな問題を出します。
「一・二年生に【社会科の勉強】とはどういう勉強かを説明してください。一・二年生は生活科です。」
友達と相談させてホワイトボードに書かせ、発表させます。発表の中から、これは下学年に分かりやすいという説明を選びます。うまい説明は、下学年に分かりやすい説明というのを押さえます。

③ 【作文例】を読みます。
「【作文例】のように、少しでも下学年に伝わるように、作文ワークの問題に挑戦してください。」

④ 下学年への説明問題はいくつも作れるので、作文ネタは豊富です。

【作文例】　題「草のくつ」

ちょっと変わった草のくつがあります。さわってみましょう。少しざらざらしています。変わったくつですね。実はこれ、わらじというくつです。このわらじは、昔の人がはいていたくつです。

このわらじは、何から作ったと思いますか。ヒントを言いますね。「食べ物」「田んぼ」です。分かりましたか？　答えは「稲の茎」です。稲はお米です。お米をとった後に残った茎で、わらじを作ったんですよ。昔の人はすごいでしょう。

ちょっと、はいてみますか。はいた感じはどうですか。

くつとちがって、足の指がいたくないですか。（以下略）

一年生に伝える
うまい説明挑戦《ちょうせん》作文

名前	

給食の上手な食べ方

右のことを、一年生に分かるように、上手に説明してね。

作文のコツ

①一年生が目の前にいるつもりで、説明を考えよう。
- 話し言葉で書こう。
- 説明の言葉は、短く、分かりやすい言葉を使おう。
- 絵や図を入れるといい時は、作文の中に入れよう。

②途中《とちゅう》で、どんな説明をしたらいいか悩《なや》んだ時には、友達などからアドバイスをもらおう。人のまねをしてもいいよ。

／枚目《まいめ》

②歯は骨か家族自学問題作文

おすすめ／二学期

5・6年生 20分

指導のポイント

① 家族で考える問題を時折、自学問題として出しています。家族で対話をしながら、いっしょに一つの問題に向かう時間をもってほしいという願いを込めた問題です。その様子を作文にするネタです。

② まずは、家族自学問題ではなく友達自学問題を提示します。「今から友達と、先生が出す問題を考えてください。これを友達自学問題と言います。」

例えば、学校の運動場は公園かという問題を出します。その予想や調べ方などを作文に書かせます。

③ 友達だけでなく、家に帰って親や祖父母などと先生からの自学問題を解くことを【作文例】を途中まで読んで知らせます。

「この【作文例】のように、家族みんなで先生が出した問題を解いてください。その様子を作文に書いて教えてください。」

④ 一年間に何度か、家族自学問題を出して作文を書かせます。

【作文例】

「家族自学問題①歯は骨かどうか」を家族で考えました。

お父さんもお母さんも妹もみんな「骨」という考えでした。

「ガイコツに、一緒にくっついているから骨じゃないかなあ。」

「でも、よくクイズで、それらしく見えると、答えはそうじゃないというのがあるから……骨じゃないかもね。」

結局は、みんな迷いました。

そこで、家にあった『広辞苑』で調べてみることにしました。

調べてみると、歯は骨ではないことが分かりました。ちがう辞典でも調べてみました。やっぱり、骨ではなかったです。（以下略）

歯は骨《ほね》か家族自学問題作文

名前

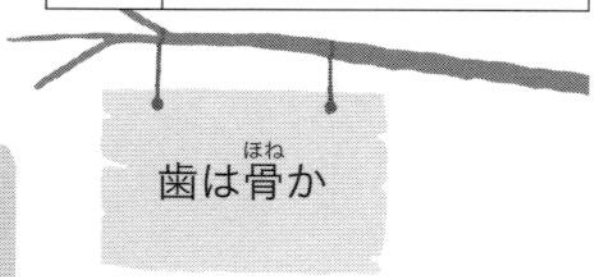

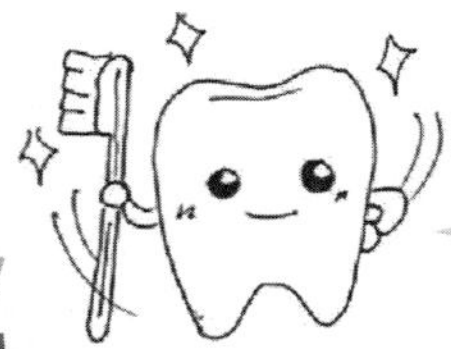

家族自学問題だよ。
右の問題を家族みんなで考えたり調べたりしてみよう。
これは、二・三日考える問題だよ。

作文のコツ

①友達自学問題と同じように、次のことを書こう。
- まずは、みんなの【予想】を書こう。
- 家族みんなで言い合ったことを【会話文】にして書こう。
- 家族みんなで調べたことを書こう。何を使って調べたかも書いておこう。

②この問題は時間をかけて、じっくりと考えたり調べたりしよう。

／枚目《まいめ》

③〇か×かどうするか作文

おすすめ／一学期

5・6年生
20分

指導のポイント

① ある問題を出された時、「自分なら〇にするか×にするか」を考え、その理由や思ったことを書いて残させる作文のネタです。

② まずは黒板に、下のようなテストの解答を貼ります。

「これは、一年生の算数テストの問題です。この答えで〇です。」

「ある女の子だけが、左のようにみんなとちがう答えを書きました。先生は、〇にしようか×にしようか迷いました。みんなだったら、どうしますか。」

③ すぐに作文に書かせるのではなく、友達と相談させた後に書かせます。そうすることで、友達の考えも作文の中に書き入れることができます。

④ 「この漢字、〇か×か?」「この計算の仕方、〇か×か?」など〇か×か迷うものは多いので、作文ネタは豊富です。

つぎのすうじをかきなさい。

サン	シ
（3）	（4）

つぎのすうじをかきなさい。

サン	シ
（4）	（5）

【作文例】

先生がこんな問題を出しました。

「ある一年生がテストで、下のような答えを書きました。みんなは、〇にしますか。×ですか。」

ぼくは、〇にします。

なぜかというと、この一年生は「つぎ」という言葉を強く意識したと思うからです。

（　）の上に書いてある「サン」の「つぎ」の数字は、「ヨン」なので「4」を書いたと思います。

この一年生はすごいです。

なるほどなあと思うところに、目をつけているからです。（以下略）

つぎのすうじをかきなさい。

サン	シ
（4）	（5）

◯か×かどうするか作文

名前	

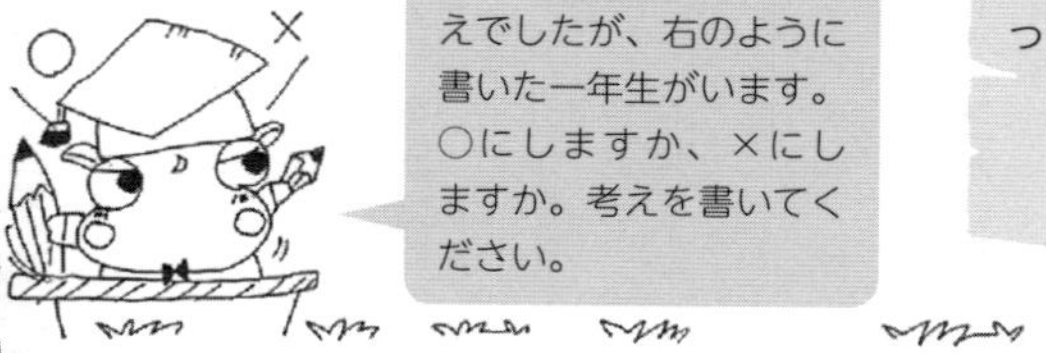

サン（3）シ（4）が答えでしたが、右のように書いた一年生がいます。◯にしますか、×にしますか。考えを書いてください。

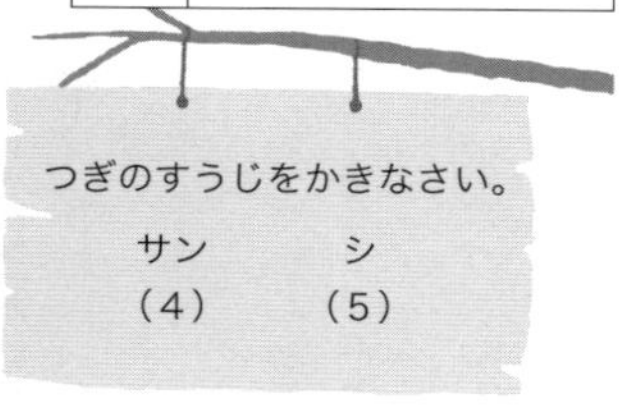

作文のコツ

①次のような流れで作文をまとめると、分かりやすい文章になります。

- まずは、◯にするか、×にするかを書きます。
- 次に、なぜ「◯（×）」にするかの理由を書きます。
- 続いて、こんな答えの書き方をした一年生に、言葉かけをしてください。

②自分で「◯にするか、×にするか」問題を考えてください。

／枚目《まいめ》

④見たら見える活動に挑戦作文

おすすめ／二学期

5・6年生
30分

指導のポイント

① 【見たら見える活動】と称して学校内を歩かせ、人の役に立つことに取り組ませます。その活動の様子を作文に書かせるネタです。

② まずは、次のような話をします。
「今から、【見たら見える活動】というのをします。みんなで、学校内を歩いていきます。先生が先頭で歩いていきながら【見えますか？】と聞きます。」

例えば、廊下にごみが落ちていたら、小さな声で「見えますか？」と話します。トイレのスリッパが揃っていないところでも言います。

③ 五～十分程度、校内を巡った後【作文例】を読んで聞かせます。
「この作文は【見たら見える活動】の後に書いた作文です。今から、今度はみんなで自由に、学校を回ってもらいます。その後に、その様子を【作文例】のように書くようにします。」

④ 一年間に何度か取り組ませ、そのたびに作文を書かせます。

【作文例】

今日も「見たら見える」活動に取り組みました。今回は、友達といっしょに活動しました。

自分一人でやった時よりも、たくさんの「見たら見える」活動をすることができました。

例えば、こんなところに目を向けました。一番初めに、全校の傘立てです。少し開いている傘があったので、友達といっしょにきれいにしました。

その次に目がいったのは、廊下にあった小さなごみです。ビニール袋を持っていたので、その中に拾って入れていきました。小さなごみが、思っていた以上に落ちていたのにびっくりしました。

次は、図書室の本です。（以下略）

見たら見える活動に挑戦《ちょうせん》作文

名前

見たら見える活動

学校内を回って、
どんなことが見えたかな？

作文のコツ

①【作文例】を手本にして、次のことを書こう。
・まずは、見えた（気がついた）ことを書く。
・見えた時に、どんなことを思ったかを書く。
・見えた後に、どんなことをしたかを書く。
・友達と回った時には、友達の様子も書く。
・他の人がやっている姿が見えた時には、その様子も書く。
②いろいろな場所や時期を変えて、見たら見える活動をしよう。

／枚目《まいめ》

⑤説明算数挑戦作文

おすすめ／二学期

5・6年生
20分

【作文例】

説明算数に挑戦します。

色のついたところの面積をどうやって求めたらいいかを説明します。

ＡＢＣＤの形は何か分かりますか。

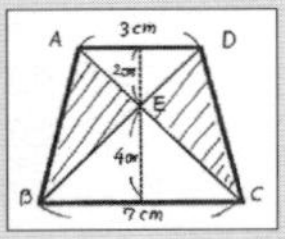

これは「台形」ですね。まずは、台形の面積を求めます。公式を覚えていますか。（上底＋下底）×高さ÷２です。図を見て計算すると、（３＋７）×６÷２＝30になります。

色のついたところの面積は、この台形の面積から、白い二つの三角形をのけたものになりますよ。

三角形ＡＥＤの面積を求めます。底辺は３、高さ２ですね。（以下略）

指導のポイント

① 算数の問題を、文章に書いて説明させます。【説明算数】と称して作文を書かせるネタです。

② まずは、【作文例】にある図形の問題を黒板に提示します。

「色のついた部分の面積を求めるには、どうやったらいいですか。友達と相談してください。」

友達と相談させて、解法を考えさせます。考えた解法をホワイトボードなどに書かせ、発表させます。

③ 何人かの発表の後、【作文例】を読みます。

「今のみんなの発表はとても上手です。もう一つレベルを上げて、この問題の解き方を【作文例】のように書いて、みんなに知らせてください。」

④ 【作文例】は黒板に掲示しておきます。初めは、よく似た書き方でもいいので書かせます。全員書けたのを確認後、二問目に挑戦です。

説明算数挑戦《ちょうせん》作文

名前

右の図形の色がついている部分の面積の求め方を分かりやすく説明しよう！

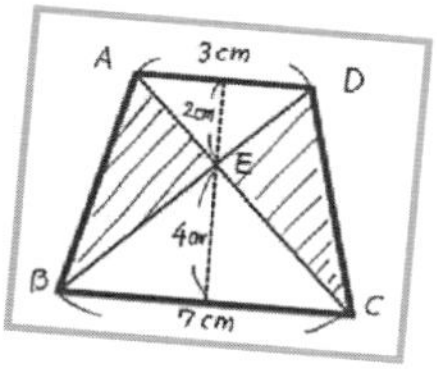

作文のコツ

◎【作文例】を手本にして、次のことを書こう。

・この図形の名前を書こう。

・図形の面積の求め方（公式）を書こう。

・説明に図を入れて、分かりやすく書こう。

・だれかに説明するように、話し言葉も入れよう。

／枚目《まいめ》

⑥缶から漢字発見作文

おすすめ／二学期

5・6年生
20分

【作文例】

家にあった缶から漢字を書き出します。缶に書いてあった漢字はこれです。
缶・品・名・清・涼・飲・料・水・原・材・砂・糖・香・塩・化・酸・内・容・量・製・造・年・月・日・使・用・上・医・薬・小・児・直・射・光・期・限・患・部・適・量・会・社　などです。

この中から、患部という漢字の意味を初めに調べました。辞典で調べると「病気や傷のある部分」という意味だそうです。

次に、適量を調べました。ほどよい分量と書いてありました。こうやって意味を調べると、書いてあることがよく分かります。（以下略）

指導のポイント

① 身の回りにある「缶」。この缶に書かれている漢字に目を向けて、漢字を書き出したり意味調べをしたりしたことを作文にするネタです。

② まずは、たくさんの漢字を書いた紙を黒板に貼ります。
「これらの漢字、どこに書いてあったと思いますか。（何人か指名・発表）実は、この缶に書いてあった漢字です。（缶を見せる）」
「この缶に、こんなにたくさんの漢字が書かれています。これを【缶から漢字】と呼びます。今から、缶から漢字を書き出してください。」
一人ひとりが持ってきた缶から漢字を書き出させます。

③ 書き出した漢字の中から、意味調べをしてみたいものに赤線を引かせます。辞典を使って、赤線を引いた漢字の意味を調べさせます。

④ 【作文例】を印刷したものを配布し、真似っこさせて、自分が調べた缶から漢字を作文にさせます。

缶《かん》から漢字発見作文

名前	

缶《かん》に書かれた漢字を探《さが》そう！
意味も調べてみよう！

作文のコツ

①まずは、缶《かん》に書かれている漢字を書き出そう。

②書き出した漢字の中から、いくつか意味調べなどをしてみよう。

・どんな意味か　・部首や成り立ち　・他の熟語《じゅくご》　など

③一つの缶《かん》が終わったら、ちがう缶《かん》でも挑戦《ちょうせん》してみよう。

／枚目《まいめ》

⑦何に使う道具かあてっこ作文

おすすめ／一学期

5・6年生
20分

指導のポイント

① 身の回りには、見ただけでは何に使う道具か分からないものがあります。そんな道具に出会った時、何にどのように使うのかを考え、まとめる作文のネタです。

② まずは、下のようなスプーンを見せます。「このスプーン、何に使う道具でしょう。どのように使うかも考えてみてね。」

実は、カニスプーンです。カニの身をとるためのスプーンです。子ども達は、意外に気がつきません。最後には、答えを発表します。

③ 下の道具を見せ、何に使うかを考えさせ、発表させた後、【作文例】を読みます。【作文例】を参考にさせ、作文ワークの道具問題を解かせます。

作文ワークの問題は、パスタの道具です。

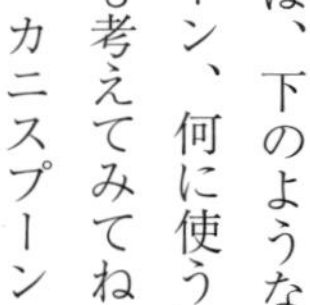

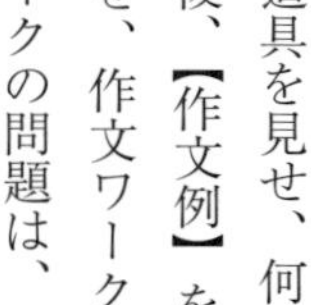

【作文例】

先生のヒントから、何に使う道具かを推理します。

ヒントを見ると、海に関係があって、寒い地方でよく使うとあります。寒い地方というとすぐに、北海道や東北地方がうかびます。海といえば漁業がすぐにうかびます。魚か貝に使う道具かな。魚や貝をとるための道具かな。

写真を見ると先が少し丸く、お好み焼きの時に使うヘラのようです。何かをひっくりかえしたり、つぶしたりするものかもしれません。長さは二十センチぐらいで重さは軽いとあるので、子どもやお年寄りでも使えます。何かを食べる時に使うものかな。（以下略）

何に使う道具かあてっこ作文

名前	

①

②

①と②は、何に使う道具でしょう。考えてみましょう。

作文のコツ

①ヒントは、食べ物に使う道具です。
②次のことを書いて、推理《すいり》してください。
・道具の見た目　・道具を見て気になるところ
・長さや大きさを予想　・材質《ざいしつ》　など
③友達や家族と相談してもＯＫです。その時は、相談の様子も書きましょう。

／枚目《まいめ》

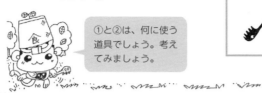

⑧テーマをミニ論文風に考える作文

おすすめ／二学期

5・6年生　20分

指導のポイント

① ある難しいテーマを考えた過程を、ミニ論文風にまとめて作文にするネタです。

② 例えば、こんなテーマを黒板に書きます。「努力し続けるにはどうしたらいいか」

「このテーマについて、友達と話し合ってホワイトボードに書いてください。」

すべてのホワイトボードを黒板に貼り、一つ一つ読んでいきます。

③ たくさん出た意見を、作文にすることを伝え【作文例】を読みます。

「この作文は、心を鍛えるというテーマを自分で考え、作文にしたものです。今みんなが友達と話し合ったことを、一人でしっかりと考えてまとめたものです。みんなも挑戦してくださいね。」

④ いろいろなテーマを出すことができるので、何度か挑戦させます。

【作文例】

「心を鍛えるにはどうしたらいいか」これを考える。

まず考えたのが、失敗しても何度でもチャレンジすることだ。

何度でもチャレンジする裏には、恥心や勇心がかくされている。恥をうんとかくこと。勇気を出して挑戦し続けること。この二つの心を通して心を鍛えることができる。

チャレンジをするということは「何でもやってみる」ということだ。やらずに、口だけであれこれ言うのはダメだ。やってみて、うんと考えるという道を通ることで、心が鍛えられていく。

心を鍛えるためには、まず動くことだ。これを心したい。（以下略）

テーマをミニ論文《ろんぶん》風に考える作文

名前	

心を鍛《きた》えるには
どうしたらいいか

右のテーマで、ミニ論文《ろんぶん》風に
書いてみよう！

作文のコツ

①【作文例】を手本にして、次のように書こう。
- まずは、テーマを初めに書こう。
- 次に、心を鍛《きた》えるために何をしたらいいかを考えて書こう。
- それをすると、なぜ心を鍛《きた》えることになるかも書こう。
- 一人でうかばない時には、友達や家族と考えて書こう。

②論文《ろんぶん》風にするために、常体《じょうたい》で書こう。

③一文は短めに、分かりやすい言葉で書こう。

／枚目《まいめ》

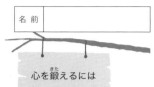

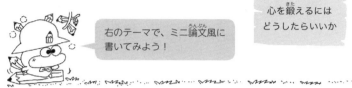

あとがき

今から二十五年以上も前、学研の『学習』誌に、作文指導のポイントを物語形式で紹介していたことがあります。

原稿として、物語用のイラストをラフスケッチで描き、そこに作文指導のポイントを書いていました。もちろん、物語なのでストーリーが必要です。

一話ごとに、作文上達のための「鍵」をゲットしていく形をとりました。

ある時は「比喩表現」。ある時は「オノマトペ」。ある時は「リフレイン」というように、技法を身につけていくものにしたのです。

当時は、無我夢中でストーリーを考え、次はどんな「鍵」を登場させようというようなことばかり考えていました。

今振り返ると、子ども達が作文って楽しい、もっともっと書きたいと思うようなストーリーではなかったなあと思います。ただ、技法にばかり目がいった作文指導ネタでした。作文を苦手とする子は、きっと読んでも挑戦してみたいと思わなかったと思います。ただ、物語を読んで終わりだったと思うのです。

新採の頃から、日本作文の会や生活綴り方教育という場で学び続け、子ども達が喜んで作文に取り組む場をつくりたいと思っていた自分。

そのためには技法にこだわらず、まずは書くことが楽しい、書いて人に伝えるのがたまらなく好きという子ども達を育てたい、そう思い続けていたのに【技法】にばかり目がいっていた時期があります。技法にばかり目がいくと、当然、技法を身につけることができない子ども達を、なかなか褒めることができませんでした。

多くの子ども達の顔がくもっていったのを、昨日のことのように覚えています。

その顔を多く見たからこそ、本書に紹介したような作文指導にもどることができたと思っています。

一人も作文嫌いを生み出したくない。

一人でも多くの子を、作文ワールドで楽しませたい。

本書では、こんな自分の失敗を生かした後に取り組んだ【作文ネタ】を紹介しています。

多くの子ども達が、作文ワールドにどっぷりとつかった作文ネタは【書きだしたら止まらない】という福山学級の合言葉まで生み出しました。

福山学級で取り組んだ作文ネタが【作文のタネ】となって、日本全国の学級で芽を出し、新しい合言葉が生まれることを願っています。

本書を書くにあたっては、明治図書の茅野現さんに多くのアドバイスをいただきました。心から感謝いたします。

結婚三十周年／わが学び集団「ふくの会」三十周年の年に

福山　憲市

【著者紹介】
福山　憲市（ふくやま　けんいち）
1960年山口県下関市生まれ。広島大学卒業。山口県下関市立吉見小学校教諭。現在、「ふくの会」というサークルを31年継続。「ミスをいかす子ども達を育てる研究会」も組織し、ミス退治運動を進行中。本書を読んでの感想等は、2822640601@jcom.home.ne.jp まで。

【著書】
『教室で活躍するキャラクター集』『“ひとり学び”を鍛える面白ドリルワーク』『資料提示の技術』『知的学級掲示自学のアイデア』『自学ノートの指導技術　小学５年』『一人ひとりを見つめる子ども研究法の開発』『社会科基礎・基本を確実に身につけさせるワーク　小学５年』『算数ミスを減らす指導法』（１・２年生編、３・４年生編、５・６年生編）『漢字ミスを減らす指導法』『作文感覚を磨き作文ミスを減らす指導法』『言葉感覚を磨き言葉ミスを減らす指導法』『社会経済システムの理解』『算数科「言語活動の充実」事例』『スペシャリスト直伝！　学級づくり“仕掛け”の極意』（以上、明治図書）

※画像提供
カルビー株式会社（31・145ページ）
株式会社大丸松坂屋百貨店（79ページ）
日本郵便株式会社（128～129ページ）
有限会社岡伊三郎商店（137ページ）

全員が喜んで書く！　作文指導のネタ事典

2016年６月初版第１刷刊　©著　者　福　山　憲　市
2016年９月初版第２刷刊　発行者　藤　原　光　政
発行所　明治図書出版株式会社
http://www.meijitosho.co.jp
（企画）茅野　現（校正）嵯峨裕子
〒114-0023　東京都北区滝野川7-46-1
振替00160-5-151318　電話03(5907)6701
ご注文窓口　電話03(5907)6668
＊検印省略　組版所　長野印刷商工株式会社

Printed in Japan　ISBN978-4-18-229914-8